Frédéric Mérelle

Tout se joue dans les deux prochaines secondes

La première méthode non-psy de préparation mentale

SOLAR

À mes enfants, Luca, Niko, Minttu, Clara et Mattéo.
Continuez votre chemin avec plaisir et courage.

Papa vous aime.

NOTE AUX LECTEURS

« La performance de haut niveau est faite de simplicité. »

Ce constat est le fruit de plusieurs années à accompagner des sportifs de niveau mondial. Si vous souhaitez améliorer votre performance mentale vous devez penser simple. Les outils présentés dans ce livre serviront à vous guider vers ce chemin. Vous devrez vous les approprier, les faire vôtres. Si vous lisez cet ouvrage, vous amorcez une partie du chemin qui vous conduira vers la maximisation de votre potentiel.

Les citations et anecdotes inclues dans ce livre ont été utilisées avec l'accord de leurs auteurs ou présentées en occultant certaines informations qui permettraient de les replacer dans un contexte précis.

TABLE DES MATIÈRES

Note aux lecteurs 7

Avant-propos 11

Introduction 13

Ma méthode 17

Mon travail d'introspection 18

Me placer en dehors de ma zone de confort 22

Utiliser mon parcours de vie pour trouver mes propres solutions : le modèle « ITE » 25

L'application de ma méthode auprès des meilleurs au monde : cas pratique 41

L'ADN des meilleurs performeurs : le modèle « ICERB » 44

L'ADN des meilleurs performeurs : ce dont ils parlent le plus souvent ... 50

Les outils de votre performance mentale 55

Les grands principes de votre performance 57

1. Le courage de sortir de votre zone de confort 58
2. Votre bien-être, pilier non négociable de votre performance 62
3. Utilisez plus souvent vos points forts : le modèle « PFPO » 69
4. Concentrez-vous uniquement sur les choses sur lesquelles vous avez du contrôle 74
5. De quoi est faite votre meilleure performance ? 79
6. Accepter les erreurs reste le meilleur moyen d'en faire moins 82
7. Construisez de manière proactive votre confiance 85
8. Ne cherchez pas à tout prix à être dans la zone 88
9. Utilisez la variable d'ajustement : le modèle « VAPB » 91

Le besoin de mieux vous connaître pour vous dépasser 97

10. Votre socle de valeurs 98

11. Quels sont vos angles morts ? 101

12. Connaissez donc contrôlez mieux vos attentes. 103

13. Quand vivez-vous le plus souvent ? 106

14. Le contrôle de vos pensées négatives (TCC) 110

15. Avez-vous une idole ? 113

16. Ne vous comparez pas aux autres 115

17. Emmenez avec vous un ou deux mots-clés. 117

18. Commander une pizza – le bon départ 119

19. Pourquoi ne devenez-vous pas imprévisible ? 123

20. Êtes-vous capable d'être pleinement conscient ? 126

21. Montrez de la gratitude 130

22. Entrez dans le cercle vertueux : le modèle de décisions optimales « MDO » 134

L'application à des situations spécifiques 139

23. Vos objectifs vous aident-ils ? 140

24. Maximisez vos deux prochaines secondes : le modèle « 2PS » 144

25. La gestion de la blessure et des situations de crise. 149

26. Déconnectez-vous ! 160

27. Évaluez vos progrès : votre bilan « coût-avantage ». 165

Conclusion 169

Références 173

AVANT-PROPOS

Dans la continuité de mon précédent ouvrage *Le Français qui murmure à l'oreille des stars*[1], qui résume mon parcours jusqu'au sommet du sport mondial en l'espace de six années, j'ai décidé par ce second livre de transmettre ma méthode et ses outils de la manière la plus concrète et simple possible. Mon objectif est double :

Le premier est d'offrir aux lecteurs, qu'ils soient athlètes, entraîneurs, équipes et individus en général, des conseils et fiches pratiques qui leur permettront d'améliorer leur bien-être et donc leur performance mentale dans le monde du sport amateur et du sport professionnel ainsi que dans la vie en général.

Le second est d'aider les fédérations sportives nationales et internationales ainsi que les acteurs du sport en général à initier une révolution en matière de psychologie du sport.

Mon récit repose sur le postulat suivant : notre bien-être et donc notre performance n'ont pour seules limites que celles qu'on leur impose.

1. Mérelle Frédéric, *Le Français qui murmure à l'oreille des stars*, Baudelaire, 2023

INTRODUCTION

« Je ne ferai pas ce livre. » Voilà ce que je répondis à mon épouse, Sara, ainsi qu'aux maisons d'édition qui me suggéraient cette nouvelle entreprise à la suite de la parution de mon premier ouvrage. On m'avait expliqué qu'écrire un ouvrage présentant des outils et exercices relatifs à la préparation mentale allait maximiser l'intérêt des lecteurs. À l'époque, j'y étais opposé. J'étais convaincu, du fait de mon expérience du coaching de performance mentale sur le plan national et international, que cela n'aiderait que trop peu les lecteurs qui ne trouveraient dans cette lecture qu'une aide théorique car transmise comme simple « mode d'emploi à usage de tous ». Les clés de la performance de haut niveau étant très individuelles.

Cependant, ceux et celles qui auront lu mon premier ouvrage se souviendront que sortir de sa zone de confort et être assez courageux pour essayer une voie nouvelle sont les leitmotivs qui ont guidé mes choix tout au long de ma vie. Cette mentalité couplée à la capacité à se remettre en question est devenue, avec le temps, les fondements de ma méthode de coaching.

Je me suis alors fait cette réflexion : et si je proposais aux lecteurs un ouvrage qui me ressemble, un ouvrage répondant à mes valeurs profondes où honnêteté et pragmatisme jouent un rôle prédominant, un ouvrage qui aiderait concrètement les autres ? Laissant cheminer cette réflexion en moi, je réalisai alors que mon refus initial d'écrire cet ouvrage ne répondait pas uniquement à ma réticence quant à l'impact limité que je pensais qu'il aurait chez les lecteurs, mais également à un défi personnel que je n'ai pas su relever au cours des derniers mois : identifier précisément ma propre philosophie de coaching.

Chaque semaine, et ce depuis plusieurs années, j'entends en effet la même phrase de la part mes clients : « Fréd, c'est très différent ce que tu fais. »

Alors pourquoi ne pas formaliser la manière dont je travaille et la partager avec le plus grand nombre ? La vérité est que je m'étais essayé à cet exercice, et ce à plusieurs reprises. Comme en ce mois neigeux et sombre de décembre 2021 en Finlande où je me prêtais à la clarification de ma méthode ainsi qu'à sa déclinaison sous forme de fiches pratiques. Je me souviens même m'être essayé à dessiner ma méthode assis à la table du salon lors de quelques séances de dessin partagées avec Clara, ma fille de six ans. Force est de constater que j'ai toujours failli dans cette quête. Mon refus d'écrire ce livre n'était donc pas uniquement lié à son format mais bien à des obstacles que je portais en moi et que je n'étais pas parvenu à surmonter. Il était donc temps d'être courageux. Je devais faire vivre ce livre. C'était devenu mon but.

Fruit d'un an d'écriture, j'espère que cet ouvrage aidera une multitude de lecteurs : athlètes et entraîneurs amateurs ou professionnels ; parents de jeunes sportifs ; accompagnants de la performance sportive au sens large ; managers ou employés en entreprises ; et surtout individus en général, quel que soit leur but. Se voulant le plus aidant, ce livre partagera avec vous **six** modèles, **trente-trois** fiches pratiques, **vingt** schémas explicatifs et plus de **cinquante** exemples tirés de mon expérience de coaching sur le plan international, certains de ces exemples étant la retranscription fidèle des discussions et techniques de coaching que j'utilise au quotidien avec ceux et celles qui font partie des meilleurs au monde.

Ce livre se construit de la manière suivante : La première partie présente ma philosophie de coaching ainsi que ma méthode. Elle détaille d'abord le chemin que j'ai suivi moi-même ainsi que les éléments qui ont été les plus importants pour moi dans la définition de ma méthode. Vous y trouvez des explications et des schémas qui devraient inspirer vos propres pratiques dans votre sport ainsi que dans votre vie. J'y explique ensuite son application pratique sous la forme d'une étude réalisée auprès d'un échantillon des quinze meilleurs athlètes et entraîneurs internationaux avec lesquels j'ai la chance de travailler. Je détaille dans cette section les caractéristiques communes de ces individus sur le plan mental. Je mets ainsi au jour ce qui constitue de mon point de vue une sorte d'**ADN de la performance** construit et développé par eux avec temps et courage. Cette étude vous permettra, je l'espère, d'appréhender de manière pratique les caractéristiques possédées par ces individus et en conséquence d'en trouver les clés dans votre propre quête de bien-être et de performance.

La troisième partie de cet ouvrage se veut la plus concrète possible. Elle présente **trente-trois** fiches pratiques qui vous aideront à améliorer votre performance mentale. Ces outils s'adressent à tous et à toutes. Ayant appris au cours de toutes ces années de coaching que la performance de haut niveau était faite de simplicité, j'ai souhaité en refléter les couleurs les plus fidèles.

Vous trouverez également assez peu de références à d'autres ouvrages car mes lecteurs auront compris que je souhaite avant tout penser par moi-même. L'expérience partagée dans ce livre est donc unique et pragmatique. Elle reflète plusieurs années de travail dans l'accompagnement des meilleurs athlètes et entraîneurs français et internationaux issus de dix-huit pays et pratiquant quinze sports différents. Ce faisant, cet ouvrage conserve ce lien précieux avec la vraie vie grâce à mon expérience glanée dans l'accompagnement de managers, employés et individus en général. Nous sommes tous et toutes des sportifs de haut niveau en puissance. Mais nous ne le savons que trop peu.

Je vous souhaite une lecture inspirante et la plus aidante possible.

MA MÉTHODE

Ma méthode s'est construite autour de trois étapes-clés. Tout d'abord mon propre travail d'introspection qui m'a permis de mieux me connaître. Ensuite la nécessité de me tester en dehors de ma zone de confort. Enfin l'utilisation de mon parcours de vie pour savoir prendre plus souvent de bonnes décisions. J'en détaillerai les éléments respectifs afin, je l'espère, de vous conduire sur le chemin du changement que vous avez d'ores et déjà la capacité d'amorcer.

MON TRAVAIL D'INTROSPECTION

La découverte de mon « socle de valeurs »

Apprendre à mieux nous connaître, y compris les choses positives ou négatives que nous ne souhaitons ou ne pouvons pas voir sur nous-même, est un postulat indispensable à notre bien-être en général et à notre performance en particulier. Ce travail n'est cependant pas facile à mener. Nous pouvons nous inspirer de la profusion d'écrits et d'études à ce sujet, mais force est de constater que ce qui est aidant pour certains ne l'est pas forcément pour d'autres. Parce que nous sommes tous et toutes foncièrement différent(e)s. Nous sommes influencés par des facteurs intérieurs et extérieurs qui façonnent notre manière d'être, de penser et d'agir. Apprendre à mieux nous connaître paraît donc indispensable.

Pour ce faire, j'aurais pu, comme beaucoup le font, utiliser des outils formels et autres tests de personnalité. On m'a conseillé de le faire à maintes reprises. Pour certaines raisons que j'ignorais consciemment à l'époque, ma petite voix intérieure me chuchotait que ce n'était pas la solution la plus adaptée pour moi. Au cours de mes formations diplômantes en coaching d'entreprise et de performance mentale, j'ai eu la chance d'être coaché moi-même et ai commencé à baisser ma garde en acceptant d'apprendre sur moi-même. Qui suis-je foncièrement ? Qu'est-ce que je veux réellement dans la vie ? Certaines valeurs se sont alors dessinées en moi.

Je sentais toutefois que quelque chose me manquait. Je commençai alors à demander leur avis à mon égard aux personnes qui m'entouraient. Comment me voyaient-elles ? Quels étaient mes points forts ? Dans quelles situations étais-je injuste envers les autres ? Qu'est-ce que j'ignorais ? J'étais prêt à tout entendre car je savais que j'en ferais bon usage. Une partie non négligeable de cette quête était facilitée par le retour d'information régulier que me donnaient les athlètes, entraîneurs et individus avec qui je travaillais. En effet, la manière dont je les accompagnais me définissaient également en tant qu'Homme. J'avais imprimé une certaine marque à mon travail de coaching, je lui avais donné beaucoup de moi-même, mon ADN. Dans ce cadre, un mot revenait sans cesse de la part de mes clients à propos de la manière dont je travaillais : « concret ».

Je coachais en effet d'une manière plus pratique et simple. Comme si je ressentais le besoin de faire une différence. Rapide. Ce mot « concret » m'a permis par exemple de comprendre mon besoin d'être utile à ma sortie de l'université, il y a vingt-cinq ans, quand je décidai de m'engager, à la grande surprise des miens, dans une carrière de directeur de fondation caritative en lieu et place d'un emploi plus confortable dans le domaine politique comme m'y prédestinaient mes études. Grâce à ces indices, et pour pousser plus loin ce travail d'introspection, je décidai alors d'écrire il y a un an mon premier ouvrage. Déjà incité à l'époque par quelques maisons d'édition à centrer cet ouvrage sur un partage d'outils à la performance mentale, je déclinai tout en sachant que ce choix m'écarterait d'emblée de la meilleure façon de vendre mon livre. Je ressentais le besoin inconscient d'écrire sur moi-même, de commencer mon chemin d'écriture par découvrir la personne que je suis. C'était comme si je voulais assembler les pièces d'un puzzle, comprendre l'envers du décor, mieux cerner les raisons qui ont fondé les décisions que j'avais prises au cours des trente dernières années. La rédaction de mon premier ouvrage a été une révolution pour moi. Je me suis découvert en l'écrivant. Je me suis rencontré pour la première fois.

L'une des découvertes les plus structurantes a été pour moi ce que j'appelle mon **socle de valeurs** : Quelles valeurs m'ont forgé ? Quelles sont les qualités sur lesquelles je ne transige pas ? Quels sont les éléments qui ont guidé – souvent de manière inconsciente – mes choix et actions tout au long de ces années ? Je souhaite partager ce socle avec vous ici.

Mon socle de valeurs

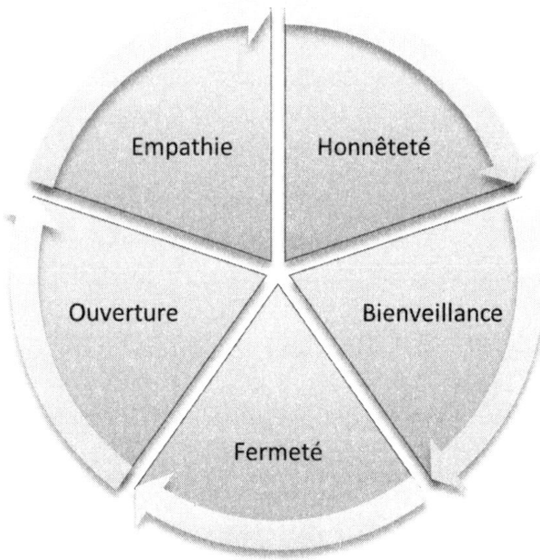

Dans la troisième partie de cet ouvrage, je présente en détail beaucoup d'exercices pratiques qui faciliteront votre travail d'introspection afin que vous déterminiez vous aussi votre propre socle de valeurs. Je compare souvent ces valeurs aux fondations d'une maison ; si les fondations sont solides, la maison sera solide, vous pourrez par la suite bâtir sur ces mêmes fondations afin de vous y sentir encore mieux. Tout comme votre personnalité et votre caractère qui sont la matérialisation concrète de qui vous êtes et qui vous offrent l'unique opportunité de les améliorer à grands coups de courage.

La reconnaissance de ma diversité

Comme j'ai pu le décrire dans mon précédent ouvrage, le manque de diversité est criant dans le sport professionnel. Beaucoup d'athlètes, joueurs, entraîneurs et même membres de la direction des clubs professionnels reproduisent les mêmes pratiques. L'entre-soi y est roi. Ce schéma est entretenu par les instances sportives elles-mêmes, et ce dès le début de l'accompagnement des jeunes sportifs et entraîneurs. En dépit de quelques velléités de changement, la consanguinité est très importante, y compris en France. Si ce système permet de reproduire certaines bonnes pratiques, le monde du sport professionnel n'a pas encore compris que travailler avec des professionnels venant d'horizons différents renforcerait la performance de leurs athlètes, leurs entraîneurs et leurs équipes. Ce **courage institutionnel** permettrait à ces derniers de rester eux-mêmes en apportant leur diversité et leur créativité afin qu'ils les mettent au service de leur performance. Cette reconnaissance cruciale les inciterait à rendre aux centuples.

Je me souviens d'une situation dans laquelle je m'étais trouvé et qui m'avait quelque peu surpris à l'époque, avant que je ne comprenne qu'elle était en fait monnaie courante. Appelé par l'équipe nationale masculine de volley-ball de Finlande – alors en crise – afin de préparer au mieux les championnats d'Europe 2021, je commençai mon travail lors des cinq camps de préparation précédant cette échéance. Je me rendis alors au centre olympique de Kuortane, dans le centre de la Finlande, et me retrouvai avec dix-sept joueurs et huit membres du staff technique. Je me souviens du premier entraînement.

L'entraîneur en chef m'avait présenté les membres de l'encadrement technique. Je m'étais alors rendu compte que j'étais le seul intervenant ne venant pas du volley-ball. Les trois masseurs et kinésithérapeutes travaillaient dans le milieu professionnel du volley-ball, les deux médecins également. La responsable logistique était entraîneur de volley-ball elle-même et l'attaché de presse était marié d'avec une joueuse professionnelle de volley-ball ! Simplement surréaliste.

Souhaitant être présent au cours des entraînements, je me souviens de mon embarras, parfois, quand on me demandait de participer – même ponctuellement – à leur organisation logistique. J'étais l'observateur de cette mécanique bien huilée, ces protocoles d'échauffement, ces statistiques si spécifiques, ce jargon si technique connu de tous sauf de moi. J'étais le seul à vivre dans la vraie vie. Et je devais les ramener à ce **qu'ils avaient appris à oublier**.

On me demande souvent pourquoi certaines stars du sport mondial travaillent avec moi et pas avec des psychologues du sport et autres coachs mentaux mis à leur disposition par leurs fédérations et comités olympiques. Quelques-unes de ces stars travaillaient d'ailleurs auparavant avec d'autres avant de m'approcher spontanément puis de rejoindre mon programme ; je les ai interrogées quant à cette démarche. L'une des deux raisons communes évoquées – au-delà des résultats rapides que j'obtiens – est ma neutralité et ma diversité de méthode. Elles sentent rapidement que je viens d'horizons divers tels que le sport de haut niveau, l'entreprise, la psychologie, ainsi que le coaching technique du fait de mon passé de moniteur de tennis. Elles sentent donc que j'ai la capacité de les aider beaucoup plus *via* des outils ne venant pas uniquement du champ de la psychologie. Elles respectent également le fait que je connaisse assez le sport pour les comprendre mais pas assez pour perdre ma liberté de parole et mon indépendance. Elles savent que je ne vais pas uniquement leur dire ce qu'elles ont envie d'entendre. Elles ressentent cette relation comme sincère et désintéressée. La confiance se crée donc plus facilement. Ce qui fait toute la différence.

Cette remarque est souvent revenue dans nos discussions :

« Je n'ai pas l'impression de parler à un psy. »
– « Cela tombe bien, je n'en suis pas un, »,
réponds-je souvent d'un ton amusé.

J'apporte de la diversité à mes clients, diversité que je transforme en performance optimisée. Je lutte contre la **consanguinité du système** et ce formatage de masse souvent relayé et entretenu par les instances sportives elles-mêmes malgré quelques discours officiels ici ou là restant le plus souvent lettre morte en pratique. Ce travail d'introspection m'a permis de comprendre cette diversité que je porte en moi et qui a guidé beaucoup de mes choix, y compris celui d'accompagner les meilleurs au monde aujourd'hui.

ME PLACER EN DEHORS DE MA ZONE DE CONFORT

La décision de ne plus avoir peur

Au cours de ce travail d'introspection, j'ai appris que j'avais fait preuve à maintes reprises de courage pour **sortir de ma zone de confort**. En effet, lors de l'écriture de mon précédent ouvrage, une phrase est revenue régulièrement comme un leitmotiv sans même que je m'en rende compte :

« J'avais décidé de ne plus avoir peur. »[2]

J'ai compris alors que cette décision était un des piliers de ma manière de penser. Le refus d'avoir peur est donc devenu naturellement partie intégrante de ma philosophie de coaching.

Je crois qu'il n'y a pas une semaine sans que je ne parle de courage à mes clients. Pas le courage théorique dont beaucoup parlent sans bien souvent en connaître les tenants et aboutissants, mais bien son application pratique et concrète. Ce courage que nous avons tous et toutes l'opportunité de faire vivre et d'entraîner un peu plus chaque jour, à condition d'être proactif. Je compare souvent le courage à un pont suspendu entre deux rives. Si vous êtes assez courageux pour prendre ce pont malgré votre peur du vide, vous parviendrez à l'autre rive. Vous vous offrirez par là même de nouvelles opportunités. Beaucoup d'individus se contenteront de rester d'un seul côté du pont. Ils décideront sciemment de rester dans leur zone de confort, ce qui d'ailleurs ne signifie pas qu'ils ne seront pas heureux dans la vie ou compétitifs dans leur sport. Certains le seront. Mais ils le feront sans maximiser leur potentiel. Ce courage différencie de mon point de vue les bons athlètes et les bons entraîneurs des meilleurs.

Dans certaines mesures, la **peur** est un obstacle à la performance. Rappelons ce qu'elle est. Elle se définit comme une « Émotion qui accompagne la prise de conscience d'un danger, d'une menace »[3]. Cette peur peut être avérée ou supposée. Le spectre du danger – par exemple tomber dans le vide – nous empêchera ainsi de traverser le pont suspendu. Chaque semaine qui passe, j'entends mes clients parler d'elle, elle n'est souvent pas nommée, elle est évoquée. Peur de ne pas être choisi par l'entraîneur, peur de décevoir ses proches, peur de se blesser, peur d'échouer. Comme je l'évoquais en détail dans mon précédent livre, j'ai appris que le meilleur moyen de maîtriser sa peur est de la prendre à contre-pied : en l'acceptant.

---

2. Mérelle Frédéric, op. cit., p. 15.
3. Le Robert, dico en ligne : « La peur ».

En effet, la peur nous aide parfois à anticiper, à être alerte. Mais elle nous dessert souvent. Quand la peur est comprise et acceptée, l'élément-clé est d'apprendre à l'apprivoiser pour qu'elle devienne une amie « bonne conseillère », qui ne nous dira pas uniquement ce que nous avons envie d'entendre. Pour réussir ce tour de force, il nous faut nous placer volontairement dans des situations ardues, sans nous concentrer sur le résultat final qui est souvent, à court terme, trompeur.

Dans mon précédent ouvrage, je décrivais une variété de situations qui m'ont permis d'arriver là où je suis aujourd'hui. Travailler différemment en coachant des équipes nationales dans des endroits insolites, utiliser des vidéos humoristiques pour mieux faire passer mes messages, demander à des coachs internationaux de fêter avec leurs joueurs les erreurs commises par eux grâce à l'expérience qu'ils ont gagnée, ne pas être d'accord avec une star mondiale et le lui dire de manière honnête et authentique, refuser un gros contrat de coaching avec une importante fédération de sport qui aurait compromis mes valeurs sont autant d'exemples que j'ai vécus moi-même et qui m'ont permis de surmonter mes peurs. Le dernier exemple en date fut de me déjuger puis d'écrire ce second livre, d'accepter que je me trompais en refusant de le faire. Ces situations m'ont aidé à grandir, à prendre confiance en moi. Et en conséquence à avoir encore plus d'impact auprès de mes clients. On parle encore mieux de ce que l'on a ressenti soi-même.

Je n'attache que peu d'importance au résultat final, gagner ou perdre, obtenir le plus de contrats de coaching possible, faire rire mes athlètes avec les vidéos humoristiques, vendre le plus possible de livres. Car je sais que me concentrer uniquement sur ces résultats diminuerait mes chances de les obtenir. Mon objectif est uniquement de me confronter à mes peurs. De temps en temps mais régulièrement, à des moment choisis. Le simple fait de me mettre dans une situation que je ne connais que trop peu ou pas est l'objectif que je me donne. Je sais sciemment que me concentrer sur le chemin qui m'y mène – et non pas sur le résultat final – me permettra *in fine* d'avoir plus d'impact auprès de mes clients. Sans forcer ce résultat, ils seront alors en bien meilleure posture pour être heureux et gagner plus souvent. Nous avons tous et toutes la capacité de le faire. Essayez-vous-y. Et vous verrez bien où cela vous mènera

UTILISER MON PARCOURS DE VIE POUR TROUVER MES PROPRES SOLUTIONS : LE MODÈLE « ITE »

Notre expérience personnelle est unique

Nos parcours de vie sont riches en enseignement et leçons. Ils nous guident pour mieux comprendre les choses. Si l'apport théorique de psychologues du sport ou autres coachs mentaux peut leur permettre d'avoir un certain impact, l'efficacité de ce travail sera maximisée si on y ajoute l'expérience pratique vécue par soi-même. Non pas uniquement parce que nous comprenons plus facilement les émotions ressenties mais surtout parce que cela nous permet d'exprimer les choses d'une manière qui résonnera davantage chez ceux et celles qui nous écoutent.

À quarante-sept ans aujourd'hui, je me souviens de cette pression ressentie lors des compétitions nationales de tennis auxquelles je participais quand j'étais enfant. Les questions récurrentes que je me posais avant, pendant et après les matchs. Dois-je me montrer offensif sur le court ? Dois-je plutôt éviter de commettre une faute ? Je ne peux oublier cette petite voix qui me parlait régulièrement. Parfois elle me mettait sur le droit changement. Souvent elle me tentait de prendre une mauvaise direction. Je ne comprenais pas comment tout me semblait si facile parfois et pourquoi à d'autres moments tout me paraissait si compliqué. L'ouvrage *The Inner game of tennis*[4] vous apportera un éclairage passionnant sur cette coexistence entre nos deux petites voix.

---

4. Gallway Timothy, *The inner game of tennis*, Random house, 1974.

Travaillant actuellement avec l'un des meilleurs jeunes joueurs de tennis en Europe, je comprends d'autant plus ce que ce jeune homme décrit lors de nos discussions. Ses paroles et ses émotions résonnent en moi. Depuis nos débuts ensemble, j'essaie d'utiliser mon vécu afin de l'accompagner de la manière la plus aidante possible tout en gardant la distance nécessaire. Nos résultats des trois dernières années nous donnent raison.

Si j'entends beaucoup parler de la pression que les athlètes, entraîneurs, managers et individus en général subissent au quotidien, ils me parlent également beaucoup de l'adversité au sens large qu'ils rencontrent dans leur sport et dans leur vie. Au-delà des apparences qu'ils entretiennent trop souvent *via* leurs réseaux sociaux, les athlètes de haut niveau sont souvent seuls. Si vous avez vécu ces situations de difficulté vous-même, il n'est pas nécessaire de le dire à vos interlocuteurs. Ils le ressentiront. C'est ce qui fait toute la différence. Cette aptitude ne s'apprend pas à l'université ou dans les plus grandes écoles de coaching. Elle ne s'acquiert et ne se transmet pas par *curriculum vitæ* ou copinage. Ce n'est pas ce que l'on dit qui fait la différence mais comment on le dit.

Je ressentais parfois la même incompréhension décrite précédemment quant à mes émotions sur le court de tennis quand j'entraînais vingt ans plus tard des groupes de joueurs de tennis élites en Finlande, ou même lors de mes interventions auprès de managers en entreprises pour les aider à accroître leur performance. Mon impact était inégal. Un jour, tout me paraissait simple. Et le lendemain, tout s'était complexifié. Le jour où j'ai compris comment il m'était possible d'avoir de l'impact en me préparant, j'ai franchi un véritable palier dans ma carrière. La révolution était en marche.

Utiliser chaque situation comme une opportunité

Laissez-moi partager avec vous une situation qui vous permettra peut-être de comprendre d'autant mieux ma philosophie de coaching. Un jour ma fille Clara me demanda si je pouvais l'aider à faire son puzzle. J'acceptai et nous nous assîmes à la table du salon. Nous devions reconstituer un château entouré de personnages, d'animaux, ainsi que d'une forêt. Avant de commencer, nous discutâmes de la première chose que nous voulions reconstituer. Clara décida de faire le château. Nous trouvâmes beaucoup de pièces. Le château prenait forme. Cependant, après quelques minutes, nous ne parvînmes plus à trouver les pièces manquantes. Je sentis poindre chez Clara une certaine impatience. Son niveau d'attention régressait. À l'image de son plaisir. Je lui suggérai alors de changer d'objectif et de trouver les pièces correspondantes à un personnage, en l'occurrence la princesse qui devait se trouver non loin du château. Son niveau d'attention et de motivation augmenta alors. Nous reconstituâmes la princesse facilement. Je demandai alors à Clara si elle souhaitait terminer le château ou continuer avec un autre objectif. Elle opta pour le ruisseau. Chemin faisant, nous trouvâmes les pièces manquantes du château. Nous restâmes sur notre objectif du ruisseau après avoir soigneusement mis de côté les pièces du château pour les retrouver plus facilement par la suite. Progressivement, l'image complète du puzzle se dessinait devant nos yeux. Nous étions parvenus à conserver notre plaisir en ajustant notre stratégie pour atteindre notre objectif final. Sans rentrer dans les détails trop précis à ce stade de cet ouvrage, nous avons évité le piège de **forcer le résultat**. Nous nous sommes adaptés en suivant notre fil d'Ariane : prendre du plaisir à jouer ensemble tout en gardant en tête notre objectif commun de terminer le puzzle.

Je me suis beaucoup inspiré de cette situation dans la définition de ma philosophie de coaching, l'assemblant, pièce par pièce, comme un puzzle, gardant le plaisir, étant patient, acceptant d'ajuster mes décisions tout en me laissant guider par les différentes expériences de ma vie. Faites de même. Faites-vous confiance pour ajuster et adapter vos décisions quand les conditions le commanderont. Remplacez inertie par proactivité. Ne copiez pas les autres. Car ce qui vous aidera réellement est tout autre.

La psychologie positive pour adapter mes propres outils

Diplômé à plusieurs reprises de l'école de psychologie positive américaine, je me suis rendu compte de deux choses. La première est que l'impact de la **psychologie positive** sur la performance dans le sport, au sein de l'entreprise et dans la vie en général est infini. La seconde est que la psychologie positive ne doit pas s'entendre, se comprendre et s'exercer comme la science de positiver tout ce qui se passe autour de nous. Si nous le faisions, nous nous placerions d'emblée en dehors de la réalité qui nous rappelle chaque jour qu'elle est tout autre. Les travaux de Martin Seligman[5], père fondateur de ce courant outre-Manche, ont ouvert la brèche à une psychologie positive concrète produisant des effets rapides chez leurs bénéficiaires en leur évitant de tomber dans le piège du déni de réalité. Je n'ai eu de cesse, depuis mes débuts en tant que coach, d'appliquer ces pratiques au monde de la performance de haut niveau, en particulier dans le sport international, et rapidement pour dépasser les discours trop souvent théoriques véhiculés par entraîneurs et autres encadrants techniques et managers en entreprises. Ces derniers se cachant souvent derrière des phrases toutes faites pour ne pas débuter un travail personnel qui les conduirait pourtant beaucoup plus haut.

Pour moi, l'élément le plus fondamental à comprendre est que la psychologie positive correspond avant tout à l'acceptation des défis du présent : blessures, défaites, erreurs, déception. Ces situations surviennent et surviendront. Le meilleur moyen d'y faire face est de les accepter de sorte d'avoir la capacité de réagir plus vite quand elles se dresseront devant nous. L'exemple de l'**erreur** que je décrivais dans une interview[6] que j'ai donnée récemment pour un grand média finlandais en fait la démonstration. J'ai constaté que si athlètes, joueurs, équipes, managers, parents d'athlètes et individus en général acceptaient de commettre des erreurs, ils en feraient moins. Se forcer à les éviter à tout prix – comme l'exigent trop souvent entraîneurs ou managers – place d'emblée ces derniers en dehors de la réalité. Dans chaque compétition sportive, au sein de l'entreprise et dans la vie en général, nous commettons et commettront tous et toutes des erreurs chaque jour qui passe. Ceci est la réalité dans laquelle nous vivons. Être dans le déni, méprendre les individus en leur faisant miroiter l'illusion d'une vie sans erreur place sur leurs épaules une pression insupportable. Même les meilleurs athlètes du monde vont de temps en temps prendre des décisions qui ne sont pas optimales, rater une passe, ne pas communiquer de manière claire, etc. Les meilleurs managers en entreprise ne vont pas toujours s'adresser de la manière la plus aidante envers leurs employés ou faire les meilleurs choix stratégiques. Les parents de jeunes athlètes vont parfois confondre amour pour leurs enfants et pression excessive mise sur leurs épaules. Je consacre dans la troisième partie de cet ouvrage une fiche pratique dédiée à la gestion de l'erreur.

Le schéma suivant vous résumera le raisonnement que je viens de développer quant à l'impact de la psychologie positive sur la performance optimisée.

---

5. Seligman Martin, *Comment être heureux au quotidien*, Pocket, 2013

6. Jatkoaika. J. Oinonen, *Le travail du coach mental Frédéric Mérelle en NHL*, Février 2024

Impact de la Psychologie positive sur la Performance

Afin de faire vivre cette psychologie positive nous permettant de percevoir la réalité comme elle est, laissez-moi partager avec vous un autre exemple.

La psychologie positive commande de voir et percevoir les choses que nous faisons de bien : nos points forts, nos succès, notre progression. Prendre pleinement conscience de nos points forts est fondamental pour notre bien-être donc notre performance optimisée. Comme je le rappelle souvent dans mes séances, nous avançons tous et toutes dans le noir car nous prenons régulièrement des décisions sans pouvoir en mesurer clairement toutes les conséquences. Se recentrer régulièrement sur ce que nous faisons de bien va nous donner l'énergie nécessaire pour continuer notre route, et ce grâce au surcroît de confiance et de respect envers nous-mêmes glanés en chemin. Cette énergie nous permettra également d'accepter plus volontiers de travailler sur nos faiblesses, et ce dans une mesure bien plus efficace que de forcer ce travail du fait de l'insistance de nos entraîneurs ou autres responsables hiérarchiques à améliorer ce qui ne va pas. Nous serons en effet plus enclins à sortir de notre zone de confort si nous le décidons de notre propre chef.

J'insiste bien ici sur la nécessité de tester sur nous-mêmes une psychologie positive respectant la réalité des faits. Reconnaître nos points forts nous maintiendra dans cette même réalité parce qu'ils sont réels. Je me suis moi-même entraîné à cette pratique tout comme mes clients qui se préparent sur le plan physique des dizaines d'heures par semaine. En termes simples, cet entraînement s'effectue dans le cadre de la plasticité cérébrale qui créera dans notre cerveau de nouvelles connexions neuronales et facilitera avec le temps de nouveaux comportements. En d'autres termes, si nous pratiquons régulièrement la reconnaissance de nos points fort, la compassion ou la gratitude dans la vie et pas uniquement dans le cadre de notre sport, notre cerveau deviendra plus souvent capable de mettre en place ces nouveaux comportements plus aidants. J'ai obtenu des résultats souvent très rapides dès lors que les athlètes, entraîneurs, équipes et individus acceptaient de voir et de **reconnaître leurs points forts** plutôt que de ne s'autoriser qu'à constater leurs faiblesses.

Appliquer la méthode la plus concrète et simple possible

M'étant engagé dans cette quête sans même le savoir, j'ai pris conscience que mon appétit pour un coaching concret et pragmatique était infini. De mon point de vue, la psychologie du sport est bien trop intellectualisée. Spécialement en France. Elle ne parle que trop peu aux athlètes et entraîneurs Elle est en somme **déconnectée de leur quotidien et de qui ils sont**. Nous le constatons par le peu d'intérêt que beaucoup portent envers ce travail. Intellectualiser à outrance le débat afin d'apparaître comme un spécialiste auprès des instances sportives décideuses va à l'encontre de l'objectif des athlètes, des entraîneurs et de ces mêmes instances : maximiser la performance. L'expérience pratique et l'efficacité ne se décrètent pas par diplômes. L'intelligence émotionnelle et l'empathie ne s'apprennent pas. **Elles se ressentent et se cultivent**. Comme j'ai pu le dire dans mon précédent ouvrage ainsi qu'à beaucoup d'instances sportives « Je fais de la performance. Pas de politique. »[7]

Beaucoup d'entraîneurs ou de membres des encadrements techniques sont également acteurs de ce manque de simplicité. S'ils souhaitent devenir des intervenants plus aidants pour leurs joueurs et leurs équipes, ils doivent clarifier et simplifier leurs discours. Je conseille souvent aux entraîneurs avec lesquels je travaille de parler moins mais de parler mieux. Pour avoir passé pas mal de temps au sein d'équipes

7. Mérelle Frédéric, op. cit., p. 47.

professionnelles dans différents pays, y compris auprès d'équipes nationales, j'ai constaté deux choses : Tout d'abord, que beaucoup (trop) de membres des encadrements techniques s'improvisent préparateurs mentaux, sans expérience ni formations innovantes, y voyant une opportunité de développement de carrière. Cette attitude freine grandement la performance des athlètes et des équipes, ainsi que celle de ces individus eux-mêmes. Ensuite, que les discours des entraîneurs en chef pourraient être bien plus aidants. En effet, ils manquent souvent de clarté, sont souvent trop longs et surtout ne parviennent pas à capturer l'attention authentique des joueurs, des athlètes et des équipes. Ce constat m'est confirmé chaque semaine qui passe par les athlètes eux-mêmes. J'ai en effet la chance de travailler avec entraîneurs et athlètes souvent issus des mêmes équipes. Je constate dans la majorité de ce que l'on me dit un biais régulier entre ce que les entraîneurs imaginent quant à l'impact de leurs interventions auprès de leurs joueurs et ce que ces derniers me disent. Si les entraîneurs étaient disposés à regarder en face ce constat et à débuter un travail spécifique en ce sens, ils deviendraient rapidement meilleurs et leurs équipes gagneraient alors plus souvent.

Comme je le fais en entreprises où j'aide managers et employés, je leur rappelle souvent que sur un temps de parole de trente minutes leur auditoire ne retiendra souvent que deux ou trois choses. Pas plus et souvent moins. J'aide les entraîneurs à se concentrer sur les choses importantes qui auront un réel impact et à laisser de côté ce qui est inutile, de sorte qu'ils gagnent du temps. Nous utilisons alors ce temps économisé pour travailler ensemble à un autre élément fondamental à leur performance optimisée : leur propre bien-être bien trop souvent occulté par eux. Ce faisant, nous créons alors ensemble les conditions d'autres décisions optimisées. J'y reviendrai dans la troisième partie de cet ouvrage sous la forme d'une fiche pratique.

Je me souviens avoir travaillé avec un entraîneur de stature internationale sur le **pouvoir du silence**, très utilisé dans les pays scandinaves, comme en Finlande où je vis depuis 2008. J'en ai adapté la technique et l'utilise souvent dans ma pratique. Au début de ma réflexion sur le sujet et comme je le fais habituellement, je me suis d'abord interrogé sur moi-même. Je me suis alors rendu compte que j'étais moi-même quelque peu mal à l'aise par rapport au silence, dans ma vie ainsi que dans ma pratique de coaching. Par exemple, dès lors qu'un silence que j'estimais trop long s'installait dans mes sessions de coaching – après une question posée à mes clients –, je me surprenais à interrompre ce silence en posant une autre question. Lors de quelques séances de coaching en distanciel, je me souviens même avoir demandé à mes clients s'ils étaient toujours connectés après cinq ou six secondes de silence ! Ce faisant, je les empêchais de réfléchir, de se projeter, en somme de traverser le pont.

En Finlande, le silence est perçu comme une forme de respect envers votre interlocuteur parce que vous lui donnez le temps de réfléchir et que vous partagez avec lui uniquement l'essentiel et non le superflu. Si vous avez la chance de venir en Finlande, attardez-vous sur l'atmosphère qui règne dans les restaurants ou transports en commun. Le silence y est roi. Les repas y sont souvent très silencieux. Car comme me le répétait un ami finlandais quand je suis arrivé en Finlande en 2008, les repas servent uniquement leur but ultime : se nourrir. Le reste est vu et perçu comme superflu. Je me souviendrai toujours de ce commentaire au sujet de mon fils Niko, cinq ans à l'époque, lors d'une réunion avec sa puéricultrice à la crèche (l'école ne commençant qu'à sept ans en Finlande) : « À table Niko ne fait que parler aux autres, il ne s'arrête pas. On voit qu'il ne vient pas d'ici ! »

J'ai appris à utiliser les parties aidantes du silence dans ma pratique, dans certaines situations choisies et de manière concrète. Nous avons travaillé avec cet entraîneur au temps qu'il devait donner, comme un cadeau, à ses joueurs et à son staff technique afin de les écouter de manière authentique. Le silence est une arme puissante. Il permet d'écouter l'autre, de le valoriser, à condition bien sûr d'être sincère. En conséquence, ceux qui en bénéficieront le valoriseront souvent au centuple.

Les étapes qui m'ont conduit à la définition de ma philosophie de coaching peuvent donc se résumer sous la forme du modèle suivant : De mon expérience, il est transposable aux entraîneurs, athlètes, accompagnateurs de la performance au sens large, managers mais également à tous individus en général.

Mon propre chemin de construction

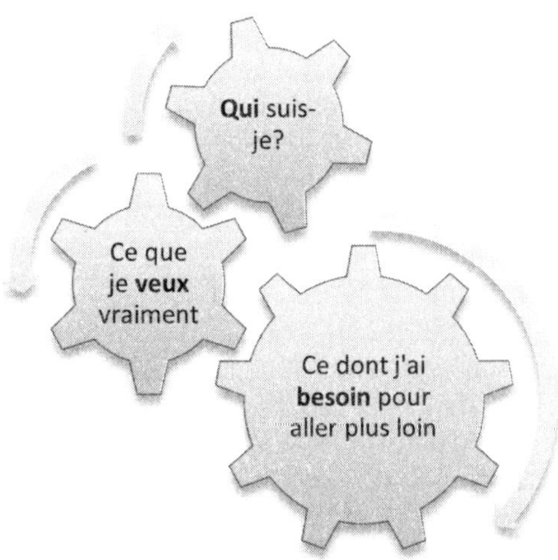

Savoir qui vous êtes, ce que vous voulez réellement et régulièrement vous challenger en vous plaçant sciemment en dehors de votre zone de confort vous conduira là où vous souhaitez être. Ces trois éléments s'entraideront mutuellement. Inscrivez-vous dans ce cycle et vous maximiserez ainsi vos chances d'atteindre vos objectifs, quels qu'ils soient.

Poser les bonnes questions pour créer un changement durable

Dans le prolongement direct de cette philosophie est née ma méthode de coaching. Comme j'aime à le rappeler, mon travail est de **poser les bonnes questions**. Car elles sont seules à même de créer puis de maintenir dans le temps un vrai changement. Ce faisant, mes clients porteront l'intime conviction qu'agir dans cette direction est dans leur intérêt suprême. En parallèle de ce travail et souvent pour faciliter la discussion avec eux, je partage également des outils de performance mentale, fruits des résultats que j'ai obtenus. Je sais ce qui aide mes clients et ce qui les aide moins. Cependant, les solutions sont très individuelles. Dans ce cadre, j'ai observé lors de mes sessions de coaching que mon impact auprès d'eux était maximum si je parvenais à poser les bonnes questions, plutôt que de leur dire ce qu'il fallait qu'ils fassent. Les individus sont en effet plus enclins à changer s'ils sont convaincus eux-mêmes de l'intérêt de le faire.

« Qu'est-ce que tu veux vraiment ? »
est une question récurrente que je leur pose.

Travaillant avec beaucoup d'entraîneurs internationaux, j'ai pu observer que la majorité d'entre eux posaient très peu de questions. Et celles qu'ils posaient étaient souvent maladroites et entraînaient une sorte de mécanisme de défense chez les athlètes et les joueurs, tout comme chez les managers. Les questions posées ainsi que la manière de les poser freinent dans la plupart des cas la performance de ceux et celles qui doivent y répondre. Ces entraîneurs ou managers ignorent qu'ils pourraient accéder au niveau supérieur de leur développement personnel et professionnel s'ils décidaient d'explorer ce champ. Très peu le font. Et pour ceux qui s'y essaient, ils effectuent souvent ce travail avec un facilitateur ou un coach de performance mentale n'offrant pas toujours une objectivité totale, ce qui – en dépit de leur donner bonne conscience de s'y être essayé – ne leur permettra pas d'atteindre leur objectif.

Un élément me frappe toujours lors de mes passages au sein des équipes professionnelles ou en entreprises pour y travailler en présentiel avec joueurs, employés, équipes, et managers : dans la grande majorité des cas et comparé à nos échanges en distanciel, les individus me parlent moins. Ils agissent comme s'ils étaient davantage observés, voire enfermés dans un environnement clos où chacun devait agir comme les autres. Je sens bien qu'ils me parlent de manière bien plus prudente, malgré leur conviction profonde – car souvent bâtie depuis plusieurs mois – que mon travail est indépendant. J'ai dû même dans ce cadre adapter ma méthodologie quand je me rends sur place afin de rendre ces visites plus efficaces. Contrairement à l'idée reçue très partagée dans le monde du sport professionnel, spécialement français, que l'intervention en présentiel reste la seule option possible, le travail en distanciel est **bien plus aidant** que celui en présentiel s'il est réalisé sous certaines conditions méthodologiques précises. De mon expérience, cette préférence pour le travail en présentiel est bien souvent plus guidée par l'environnement des athlètes et des équipes que par eux-mêmes. En effet, entraîneurs, membres de la direction des clubs sportifs, encadrants techniques, ignorent dans leur grande majorité les conditions d'un travail en distanciel ainsi que ses bienfaits. Tout comme les athlètes eux-mêmes d'ailleurs. De plus, certains de ces acteurs aiment garder un œil sur toutes interventions auprès des joueurs afin de conserver un certain degré de contrôle sur le groupe. Grande erreur stratégique de leur part car ce positionnement freine de manière significative l'efficacité de ces interventions et donc la performance de leurs joueurs et équipes.

À ce stade de cet ouvrage, vous aurez déjà compris que pour poser les bonnes questions à autrui il convient d'abord d'être capable de se les poser à soi-même puis de tester ce que vous avez découvert sur vous-même en vous plaçant en dehors de votre zone de confort. Vous allez donc parfois modifier votre réponse à une situation donnée. Cela ne signifie pas que vous devez changer la personne que vous êtes comme j'ai pu l'expliquer aux joueurs de l'équipe nationale de volley-ball de Finlande en préparation des championnats d'Europe 2021. Vous allez simplement chercher à mettre en pratique des actions différentes qui vous permettront alors de maximiser votre impact, avant d'évaluer ce changement. Si vous réalisez par vous-même que ces changements de comportement vous ont aidé, vous serez alors plus enclin à continuer dans cette nouvelle direction. Et comme nous le verrons dans la troisième partie de cet ouvrage, cette bonne première décision pourrait en entraîner d'autres dans son sillage.

J'ai formalisé ce raisonnement sous la forme du modèle « ITE » **(Introspection-Test-Évaluation)** qui est assorti d'un exemple concret autour de l'utilisation plus fréquente de nos points forts.

Modèle ITE : Introspection-Test-Évaluation

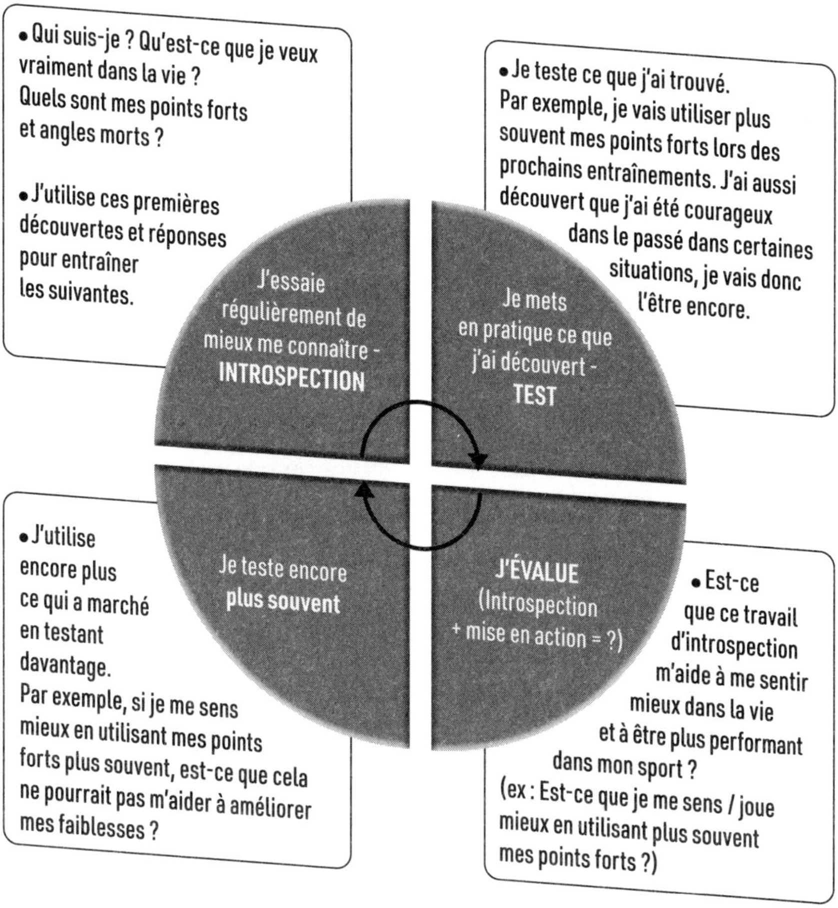

La recherche du compromis optimal entre instinct et intuition

Après quelques mois de pratique, il m'est apparu évident que ma méthode se caractérisait par une quête instinctive vers l'intuition optimale. Elle était devenue ma meilleure amie mais également ma pire ennemie. Commençons par différencier ce que sont instinct et intuition.

L'instinct se définit comme guidant des « comportements innés, héréditaires (déterminés par les gènes), accomplis spontanément, c'est-à-dire non issus d'un apprentissage ou d'une décision consciente »[8]. En d'autres termes, l'instinct naît avec nous. Il est prédéterminé. Il nous guide de manière inconsciente en influençant nos décisions et actions. L'intuition quant à elle se caractérise par « une compréhension globale, immédiate, qui se manifeste sans recours au raisonnement. Une pensée intuitive se manifeste spontanément et parfois s'impose comme une évidence, voire une révélation ou une illumination. »[9]

Instinct et intuition sont donc des valeurs intrinsèques en mesure d'influer grandement notre vie en général et notre niveau de performance en particulier. Mais les mettre à notre service n'est pas chose aisée. Prenons un exemple concret issu de mes échanges avec mes clients : Certains d'entre eux m'ont parfois décrit un niveau de performance mentale optimal ressenti par eux provenant d'une grande fatigue physique (ex : après une accumulation de plusieurs matchs, etc.). Ils décrivent une spontanéité dans l'exécution de leurs gestes, une absence d'hésitation ou de doute, des prises de décisions optimales qui leur ont fait atteindre un niveau de performance inégalé. « J'étais tellement fatigué que je ne pensais plus. Tout me paraissait facile. », ai-je entendu à quelques reprises.

Beaucoup d'autres, expérimentant le même état de fatigue physique dans un contexte similaire, m'ont témoigné le même sentiment mais assorti d'un résultat totalement opposé : de mauvaises décisions, une lenteur dans l'exécution, en somme une performance affaiblie. J'ai pu observer par mes travaux que les athlètes évoluant dans ces deux situations font en partie appel à leur instinct et leur intuition. Leur circuit de décision est raccourci, ils vont au plus court, poussés en quelque sorte par leur **instinct de survie**. Ce mécanisme est influencé de manière génétique mais également par leur expérience de vie. L'instinct, inné, répond à un phénomène d'observation de leurs auteurs. En d'autres termes, il peut être évalué par tout un chacun afin d'en mesurer les conséquences pour eux. S'il est inné, il n'en reste pas moins évaluable et il appartient alors aux individus de procéder aux ajustements nécessaires en fonction des résultats obtenus. Ce faisant, ils apprennent à lui faire confiance ou non dans certaines situations identifiées par eux.

De mon point de vue, l'intuition répond au même mécanisme d'observation. Cependant, si l'évaluation ne se produit pas, les individus ne seront pas en mesure de calibrer leurs actions les précipitant ainsi dans le second scénario relatif à la performance affaiblie. Je décris d'ailleurs

---

8. Jepense.org, « L'instinct : définition philosophique », Janvier 2021.
9. Jugnet Patrick, *L'Intuition*, Février 2022.

dans mon précédent livre une situation où mes expériences passées et les leçons que j'en ai tirées m'ont permis à l'instant T d'anticiper une situation future en prenant une décision intuitive qui s'est alors révélée optimale. L'évaluation s'étant produite, je savais quelles étaient les actions que je devais prendre pour rendre le plus efficace possible mon circuit court de décisions, comme l'athlète qui sait exactement quoi faire, même dans un état de fatigue avancé. Je défends donc le postulat qu'intuition et instinct peuvent être **apprivoisés** à condition de savoir les évaluer.

Le transfert de la mentalité d'entraînement vers la mentalité de confiance

Mes travaux de recherche ainsi que leur confirmation en pratique auprès de mes clients vont mettre en lumière une nouvelle équation qui entre dans le prolongement direct de la capacité à apprivoiser instinct et intuition. Cette équation a trait aux mentalités dites d'entraînement et de confiance.

J'ai souvent eu, comme j'en donne un exemple dans mon précédent ouvrage, des discussions animées sur ce sujet avec certains entraîneurs. Au gré de mes observations, j'ai pu constater que la plupart des entraîneurs placent la mentalité d'entraînement comme levier quasi exclusif de la performance individuelle et collective. Je définis cette mentalité comme « le travail régulier des individus vers une exécution automatique des gestes, un travail technique, physique, tactique, très centré sur la répétition ». Ces individus vont ainsi passer des heures à répéter des exercices afin d'atteindre des objectifs donnés tels que le développement de leur capacité physique, la maîtrise technique des gestes, etc. La plupart des athlètes et des individus acquièrent progressivement cette mentalité car elle leur est inculquée dès leur plus jeune âge à l'école, dans le cercle familial et dans leur sport. Au sein de ce dernier, les membres des staffs techniques, qu'ils soient entraîneurs, assistants, préparateurs physiques, mettent en place ces exercices sous forme de protocoles très structurés et organisés. Posséder cette mentalité est essentiel. Elle est fondamentale dans la maximisation du potentiel et de la performance. J'y souscris totalement. Mais je sais d'expérience que cette mentalité exercée seule devient alors une menace à la progression des individus car elle les empêche de maximiser leur potentiel. Elle devient alors contreproductive. En d'autres termes, mettre en pratique uniquement cette mentalité d'entraînement installe une sorte de **plafond de verre** qu'il devient alors difficile de briser.

La mentalité d'entraînement va cependant contribuer à maximiser le potentiel de chacun sous une condition essentielle : qu'elle soit couplée à la **mentalité de confiance**. Je m'explique. Je définis cette dernière comme « la capacité mentale des athlètes, entraîneurs, équipes et individus en général, à ressentir au plus profond d'eux-mêmes la conviction qu'ils sont prêts ». Grâce à elle, ces individus portent en eux la confiance sincère et ultime qu'ils sauront exécuter ce qu'ils ont appris car ils ont mené un travail de préparation optimale en amont. Ce sont cette même conviction et cette même certitude qui leur permettront de maximiser leur potentiel. Ces individus ne se concentrent pas ici sur le résultat (ex. : « je dois gagner ») mais bien sur le chemin pour y parvenir (ex. : « j'ai tout fait pour être prêt alors je sais que quelque chose de bien va se passer »). Mes clients qui liront cet ouvrage se souviendront que j'utilise souvent la comparaison avec une voiture que vous essayez de conduire avec le frein à main ; la voiture avancera mais de manière très poussive, vous sentirez que quelque chose ne va pas et en conséquence votre niveau de vigilance se réduira soudainement. Retirez ce frein à main ; la voiture avancera de manière bien plus dynamique, votre niveau de vigilance ne sera alors pas interrompu.

La majorité des athlètes ne possèdent pas cette conviction profonde de confiance à l'instar de ceux qui ont décidé de la faire grandir en eux au fil des années. Beaucoup de ces derniers sont ainsi devenus les meilleurs dans leurs sports respectifs. Cette prise de guerre dépendra encore une fois de leur courage à sortir de l'unique voie proposée par la mentalité d'entraînement, voie exclusivement centrée sur une exécution apprise, répétée, voire forcée, qui finira par annihiler leur plaisir et donc leur potentiel. La mentalité d'entraînement s'apprend et se développe jusqu'à un certain seuil. **La mentalité de confiance se ressent et se développe à l'infini.**

Je donne souvent à mes clients cet autre exemple : Je travaille dans le monde du sport professionnel depuis plusieurs années, dans différents sports, dans différents pays. Quatre-vingt-dix pour cent des athlètes et entraîneurs qui m'approchent pour rejoindre mon programme s'entraînent et travaillent le plus dur possible, ils ne rechignent pas à la tâche, ils sont assidus à l'entraînement, écoutent leurs entraîneurs, appliquent les principes du coaching optimal. Certains de ces athlètes et entraîneurs excellent dans ce qu'ils font et parviennent à atteindre un niveau élevé. Beaucoup s'en contentent. Mais ils se retrouveront alors dans ce que j'appelle le peloton des entraînés, là où beaucoup se ressemblent, là où beaucoup ont un niveau de performance comparable, là où beaucoup pensent d'une manière identique, là où très peu maximiseront leur potentiel.

Laissez-moi partager avec vous une discussion que j'ai eue avec un pilote professionnel dans un sport connexe à celui évoqué ci-dessous.

« Imagine que tu sois un cycliste professionnel et que ton objectif soit de concourir au niveau le plus élevé de ton sport. Chercherais-tu à terminer la majorité de tes courses dans le peloton ? En serais-tu satisfait ? »

– « Non » me répond-il.

– « Qu'est-ce qui t'empêche alors d'être innovant et courageux pour essayer quelque chose de nouveau ? »

Cet échange résume le biais qui existe parfois entre objectif et moyen chez certains athlètes et certains individus en général. Développer la mentalité d'entraînement – en somme s'entraîner encore plus dur et plus fort – n'est qu'une partie de l'équation de la performance de haut niveau. La mentalité de confiance va injecter le ciment qui permettra aux fondations de la maison d'être solides. Sans lui, la confiance donc la performance resteront instables. Comme nous l'avons vu, le courage est ce qui va permettre à tout un chacun de passer de l'autre côté du pont. Comme cette athlète de demi-fond qui grâce à notre travail a décidé de ne plus porter sa montre à l'entraînement ou en compétition et a eu la force d'exiger de son entraîneur qu'il ne lui donne plus aussi régulièrement ses temps de passage lors de ses courses, et ce afin qu'elle ressente ceux-ci au plus profond d'elle-même et qu'elle accède à la mentalité de confiance.

Un autre de mes clients a appris à maîtriser au mieux cette mentalité de confiance. Il fait maintenant partie des dix meilleurs joueurs du monde dans son sport à son poste. Il a appris que ses débuts de matchs seront parfois poussifs. Il sait également que certains défenseurs adverses ont, du fait de leur plus jeune âge, des capacités physiques supérieures aux siennes. Il sait sciemment que passer encore plus d'heures dans la salle de gym afin d'accroître ses capacités physiques serait une perte de temps et d'énergie pour lui. Il sait également qu'il va commettre quelques erreurs à l'entraînement, en match et dans sa vie. Mais l'élément fondamental est qu'il porte la conviction profonde qu'il va être décisif à un moment ou à un autre dans la majorité des matchs. Il porte la conviction inaltérable qu'il sera là, au bon endroit, au bon moment, et qu'il exécutera le bon geste pour son équipe. C'est cette même conviction profonde qui lui fait oublier les erreurs plus rapidement, qui l'aide à être patient quand c'est nécessaire et qui améliore sa lecture du jeu. Il ne serait jamais parvenu à ce niveau en s'entraînant uniquement dur et fort, en répétant les gestes encore et encore. Il est parvenu à ce niveau car il a fait évoluer sa mentalité d'entraînement vers celle de confiance, avec courage et force. Il en a récolté les fruits au centuple.

Voici donc le chemin que j'ai parcouru pour en arriver là où je suis aujourd'hui. À travailler avec certains des meilleurs athlètes et entraîneurs au monde dans quinze sports et dix-huit pays. Ce travail d'introspection afin de mieux me connaître a posé les bases de ma capacité à me montrer proactif pour sortir de ma zone de confort grâce à mon parcours de vie unique. Ce chemin m'a conduit à la définition de ma philosophie de coaching. Vous la trouverez ici :

« Permettre à chacun et chacune de maximiser son potentiel *via* une approche concrète et éprouvée qui les amènera à sublimer leurs qualités et décupler leur courage afin d'atteindre un bien-être inébranlable donc une performance optimisée. »

J'y étais parvenu. Ma méthode était maintenant établie et éprouvée. Elle produisait des effets concrets, rapides, aidant une multitude d'individus. Y compris les meilleurs au monde.

L'APPLICATION DE MA MÉTHODE AUPRÈS DES MEILLEURS AU MONDE : CAS PRATIQUE

Réaliser un travail personnel sur moi-même, me placer en dehors de ma zone de confort et me laisser guider par mon parcours de vie ont donc bâti ma philosophie de coaching et ma méthode. Mais est-ce qu'elles permettent à leurs bénéficiaires d'améliorer leur performance ?

Comme vous l'avez compris, j'ai voulu ce livre le plus pratique possible tout en permettant aux lecteurs de comprendre la méthode globale que j'utilise. Il est le résultat de plusieurs centaines d'heures de coaching dispensées auprès d'une multitude d'athlètes, entraîneurs, managers et individus. Ainsi que de plusieurs heures de réflexions personnelles formalisées dans le bloc-notes que ma fille Minttu – treize ans – m'a offert. Un jour, alors que je disposais d'un peu de temps chez moi, j'ai attrapé ce bloc-notes et me suis posé la question suivante :

« Est-ce que les meilleurs athlètes et entraîneurs avec qui je travaille possèdent des caractéristiques communes sur le plan de leur performance mentale ? Si oui, quelles sont-elles ? »

J'ai passé plusieurs semaines à essayer de répondre à cette question. Il m'a fallu ainsi me replonger dans mes notes et mes souvenirs de chaque séance dispensée, me remémorer le contenu de mes discussions avec mes clients évoluant au firmament mondial de leur sport, analyser ce que j'ai pu moi-même constater dans leur évolution. J'ai dû également mettre ces données en perspective afin de me prémunir de tout constat trop hâtif, chaque individu et chaque situation étant bien évidemment différents. Puis j'ai atteint mon but.

En prenant en considération les limites et les nuances inhérentes à ce type de travaux, je vais vous présenter dans ce chapitre une étude de cas relative aux caractéristiques communes des meilleurs athlètes et entraîneurs avec qui je travaille. Une quête vers l'identification d'une sorte d'**ADN de la performance optimisée**. Mais un ADN non immuable, un ADN se construisant et se renforçant avec le temps et l'expérience car nourri régulièrement par le courage de ceux et celles qui le possèdent. Je vais vous présenter les résultats de cette étude *via* deux indicateurs :

Le premier est un résumé des attitudes et des actions communes que ces individus partagent les uns avec les autres. Leur manière de penser puis d'agir que j'ai formalisée sous la forme du **modèle « ICERB »** que j'ai créé. Le second est un condensé des mots-clés ou références dont ils parlent le plus souvent et qu'ils ont la capacité de faire vivre au quotidien.

Pour vous permettre de comprendre ces résultats, vous trouverez ci-dessous les données qui ont été utilisées pour mener à bien cette analyse.

Données de l'analyse

Nombre d'athlètes et entraîneurs →	15 (9 athlètes/6 entraîneurs)
Répartition par sexe →	9 hommes/6 femmes
Niveau de compétition →	Top 50 au monde dans leur sport et leur rôle respectifs
Âge →	23 – 48 ans
Nationalités →	8 différentes (Union européenne, États-Unis, Amérique du Sud)
Période d'analyse →	Octobre 2021-Janvier 2024

L'ADN DES MEILLEURS PERFORMEURS : LE MODÈLE « ICERB »

Le **modèle « ICERB »** met au jour cinq caractéristiques de performance mentale possédées par ces individus ainsi que les actions correspondantes qu'ils savent prendre au quotidien. Afin de vous présenter les résultats de la manière la plus explicite possible, je vous les expose classées à deux niveaux :

1. En gris foncé, l'énoncé de la capacité de ces individus à **penser différemment** ce qui les distingue des autres évoluant à des niveaux de performance inférieurs (niveau national et inférieur).

2. En gris clair, des exemples **d'actions concrètes** qu'ils prennent et qui correspondent à ces mêmes capacités.

Gardez en tête que ces cinq caractéristiques sont constamment en évolution chez ces individus. En effet, leur particularité est qu'ils cherchent constamment à les améliorer afin de renforcer encore et encore leur performance. Comme nous le verrons encore plus précisément dans la troisième partie de cet ouvrage, où je décline ces mêmes caractéristiques en fiches pratiques, retenez juste à ce stade du livre que celles-ci se renforcent les unes par rapport aux autres parce qu'elles sont interconnectées, l'une soutenant l'autre et *vice versa*, générant ainsi une croissance de la performance qui encourage ces individus à les développer encore plus.

Modèle ICERB

Introspection/Courage/Évaluation /Réponse/Bien-être

1. Capacité à mieux **se connaître** (**I**ntrospection)

- Ils savent **qui ils sont** et restent toujours proches de leurs valeurs
- Ils connaissent mieux donc utilisent plus souvent **leurs points forts**

2. Capacité à **sortir** de leur zone de confort (**C**ourage)

- Ils **acceptent** leurs erreurs donc en font moins
- Ils sont assez courageux pour conserver le plaisir **inconditionnel** pour leur sport
- Ils ajoutent la mentalité de **confiance** à celle d'entraînement
- Ils **acceptent** d'améliorer leurs angles morts

3. Capacité à **évaluer** leurs décisions et leurs actions (**É**valuation)

- Ils cherchent régulièrement **à comprendre** si ce qu'ils font est bon pour eux et leur performance
- Ils ont **conscience** de leurs bonnes décisions et ajustent celles qui ne se sont pas avérées optimales

4. Capacité à **aimer** l'adversité (**R**éponse)

- Ils perçoivent l'adversité comme un **moteur** et non comme une contrainte qu'ils subissent
- Ils transforment les difficultés **en opportunités** (ils se concentrent sur ce qu'ils vont apprendre)
- Ils utilisent la mentalité de confiance pour **faire face** et ce dès les premiers signes d'adversité
- Ils prennent du **plaisir** car jugeant avec respect envers eux-mêmes leurs réactions face à l'adversité

5. Capacité à mieux comprendre et donc à protéger leur santé mentale (**B**ien-être)

- Ils sont plus enclins à apprendre sur les bénéfices de protéger leur propre **santé mentale,** et pas uniquement à des fins de performance (recherche de bien-être général)
- Ils prennent soin d'eux en dehors de leur sport de manière **proactive et régulière.** Ils organisent des temps de récupération et sont créatifs afin de protéger leur santé mentale

Ce modèle met en lumière les caractéristiques communes propres à la performance de très haut niveau : la meilleure connaissance de soi, le courage de sortir régulièrement de sa zone de confort, l'évaluation régulière de ses dernières tentatives, la capacité de réponse croissante face à l'adversité et le bien-être personnel. L'acquisition de ces capacités a permis à ces individus de progresser plus vite que les autres. Et ce travail est continu. Les avoir acquises n'est pour eux que l'étape intermédiaire qui précède le renforcement des prochaines. Laissez-moi expliciter ces cinq balises afin de vous permettre de comprendre la logique utilisée par ces individus excellant sur le plan mondial. Cette logique pourrait vous inspirer dans vos propres pratiques.

La première caractéristique est leur capacité **à chercher toujours plus sur eux-mêmes**. Ils n'ont pas peur de ce qu'ils vont trouver et donc mettent tous les moyens pour en savoir plus sur qui ils sont et ce qu'ils veulent vraiment. Ils savent que quoi qu'ils trouvent ils auront la capacité de mettre ce qu'ils auront trouvé au service de leur performance. Par exemple, trois individus de cet échantillon se sont découverts patients dans la vie en se souvenant de situations particulières où ils ont fait preuve de patience alors même qu'ils se définissaient comme impatients dans leur sport. Au vu de mon expérience, cette mentalité d'introspection n'est pas innée. Elle se construit avec le temps. Ces meilleurs athlètes et meilleurs entraîneurs du monde ne craignent pas de mener ce travail, ce qui les différencie des autres qui, par manque de courage et de proactivité, décident de ne pas agir. Ces derniers préférant le plus souvent vivre sur les acquis en ignorant qu'ils portent en eux la capacité d'aller encore plus haut.

La seconde est la capacité de ces individus **à tester en pratique** ce qu'ils découvrent régulièrement. Dans l'exemple précédent, ces individus se sont essayés à être plus patients dans leur sport, attendant le bon moment pour exécuter un geste, ne réagissant pas par la colère à une situation qui les inciterait à le faire, se précipitant moins en croyant en leur capacité à trouver la meilleure opportunité quand le bon moment se présentera. De ce que j'ai pu constater avec une majorité d'entre eux ou de ce qu'ils ou elles ont souhaité partager avec moi, un travail personnel d'introspection théorique n'aurait eu que très peu d'impact positif sur leur performance. En effet, savoir plus sur soi-même sans être capable de mettre en pratique ce qui a été découvert n'aurait que trop peu aidé ces individus. Ce qui est crucial est leur capacité à agir en changeant quelques-unes de leurs actions, grâce à leur courage. Ils ou elles ne savent pas foncièrement si ces changements entraîneront une croissance de leur performance. Ils ou elles ont la faculté de ne pas se concentrer sur la case **résultat** mais plutôt sur la case **chemin**, comme se concentrer sur leurs premiers pas pour traverser le pont au lieu de se soucier de ce qui se passera de l'autre côté de celui-ci dès lors qu'ils l'auront traversé. En d'autres termes, ces individus sont convaincus que s'ils changent d'attitude dans certaines situations choisies, ces tentatives de sortie de leur zone de confort seront bonnes pour eux d'une manière ou d'une autre. Elles leur apporteront quelque chose de positif tôt ou tard. Ils font donc vivre cette mentalité dans la majorité de ce qu'ils font. C'est pourquoi, en dépit d'une envie consciente de gagner, ils ne se concentrent pas sur la possible victoire mais bien sur le chemin qui va les y conduire. J'identifie ici un biais majeur séparant les bons des meilleurs athlètes et entraîneurs au monde.

La troisième caractéristique est **l'évaluation** où ces individus excellent. Ils ont en effet la capacité ainsi que la discipline personnelle d'évaluer l'impact de leur choix et leurs décisions, et ce de manière objective et honnête. En conséquence, ils remplaceront leurs décisions s'ils jugent que celles-ci n'ont pas été aidantes. Et ils répèteront celles qui les ont aidés. Ces athlètes et ces entraîneurs cherchent toujours plus sur eux-mêmes tout en n'oubliant pas ce qu'ils ont découvert. Et ils ne craignent pas de se tromper. Les autres, quant à eux, laisseront en quelque sorte au hasard la détermination de leur choix. Certains d'entre eux feront également des raccourcis parfois rapides et dangereux quant aux décisions prises et aux résultats acquis. L'absence d'évaluation objective et sincère n'apportera qu'un résultat trompant ces individus.

La quatrième caractéristique majeure est ce que j'aime appeler leur **empathie pour l'adversité**. Ces individus ont appris et apprennent régulièrement à l'apprivoiser, voire à l'aimer. Ils ne perçoivent plus foncièrement l'adversité comme un obstacle. Car ils savent, grâce à leur mentalité de confiance, qu'ils auront la capacité de performer même dans des conditions ardues. Ils savent que cette même adversité va leur apporter quelque chose de supplémentaire. Elle va devenir avec le temps une amie proche. Comme celle qui ne leur dit pas toujours ce qu'ils ont envie d'entendre. Comme celle qui les challengera afin de les rendre encore meilleurs. Mon travail avec ces athlètes et ces entraîneurs leur a permis de décupler cette capacité à utiliser l'adversité comme une opportunité. Cet élément est fondamental. Par des techniques de recadrage mental que je décrirai en détail dans la troisième partie de ce livre, ils sont parvenus à changer leur perception de certaines situations. En effet, si nous jugeons d'emblée une situation comme étant négative ou dangereuse pour nous-mêmes, il est fort à parier que notre niveau de résistance aux obstacles qu'elle mettra sur notre route sera plus faible. Comme je le répète à beaucoup d'individus avec lesquels je travaille et en particulier avec certains meilleurs joueurs de tennis au monde, une telle mentalité s'apparente à entrer « sur le court de tennis avec un sac de pierre de dix kilos sur le dos ». Ce poids supplémentaire altèrera leur capacité physique et mentale, les rendant en pratique plus lents, moins explosifs donc beaucoup plus vulnérables aux tentatives répétées de leurs adversaires pour les battre. Mais comprenez-moi bien. Si vous forcez cette perception plus positive de certaines situations, vous ne parviendrez pas à l'obtenir. C'est pourquoi je conseille aux entraîneurs avec lesquels je travaille d'arrêter de répéter constamment à leurs joueurs leur non-droit à l'erreur. Ce faisant, ils les induisent en « erreur » car les faits statistiques nous rappellent que ces dernières surviendront à un moment ou à un autre, dans tout sport et dans la vie en général. Bâtir une relation se voulant **honnête et authentique sur un mensonge** est un **non-sens total**. Si les individus en général sont convaincus par eux-mêmes qu'ils ou elles ont intérêt à agir d'une certaine manière, le changement s'opèrera spontanément. Et il sera durable.

La cinquième caractéristique est la capacité toujours croissante de ces individus à protéger leur bien-être et donc leur **santé mentale**. Même si cette étape reste de mon expérience la plus perfectible pour eux car elle demande une grande discipline personnelle qu'ils n'ont pas toujours, mon travail avec eux me rappelle très souvent qu'ils possèdent plus que les autres cette petite voix qui leur répète que leur performance est étroitement liée à leur bien-être. Ils savent ce qu'ils doivent faire. Parfois ils perdent le fil, mais ils le retrouvent assez naturellement grâce à une discipline personnelle que je les aide à installer puis à magnifier.

« Qu'est-ce qui te rend heureux dans la vie en général ? »
est une des questions importantes que je pose souvent à mes clients.

« Quand je gagne ! »
me répondent la majorité des athlètes au début de notre travail.

Imaginez donc à quel point leur bien-être est fragile s'il est rendu uniquement dépendant de leurs victoires dans un monde si compétitif. Ces athlètes n'ont pas encore compris que le postulat de base à leur performance est leur capacité à se rendre heureux dans la vie par des actions régulières, par des actions proactives et choisies de manière indépendante à leur sport et de leur niveau de performance. Ils se doivent de poser des parois étanches entre leur sport et leur vie en général. Encore une fois, je ne dirai pas que les meilleurs athlètes ou les meilleurs entraîneurs au monde auprès desquels j'ai réalisé cette étude possèdent d'emblée cette capacité. Mais le chemin est beaucoup plus aisé avec eux qu'avec d'autres. Je reste persuadé que cette conviction était déjà en eux. Ils connaissent inconsciemment le chemin, mais parfois ils ne parviennent pas à le retrouver seul. Je relatais dans mon précédent livre l'histoire de ce joueur canadien qui m'interrogeait sur la possibilité pour lui d'emmener son fils au McDonald's même s'il imaginait qu'il allait y manger quelque chose qu'il ne devrait pas. Cette question met au jour la **pression insupportable et injuste** que ces athlètes de haut niveau portent sur leurs épaules. Je les aide à comprendre que multiplier ce type de situation en y prenant un plaisir sans calcul va dans le sens d'un bien-être renforcé donc d'une performance optimisée. S'ils ne le comprennent pas ou s'ils ne sont pas assez courageux pour le mettre en pratique, leur bien-être restera limité et en conséquence leur progression s'arrêtera.

Même si les résultats de cette étude démontrent qu'un ADN – construit et développé – des meilleurs performeurs au monde existe, il est toutefois important de rappeler la limite principale de cette étude. Elle a en effet été réalisée sur un nombre limité d'individus (quinze). Il est donc difficile dans ce contexte d'extrapoler les résultats sur des échantillons plus importants. Gardons-nous donc d'un constat trop définitif qui aurait besoin d'être confirmé par des travaux de recherches supplémentaires. Cependant, force est de constater que certaines capacités mentales propres à la performance de haut niveau apparaissent très clairement chez ces individus. Ils les ont en commun. Ils en sont tous porteurs, même si bien évidemment certaines de ces cinq caractéristiques sont plus développées chez certains que chez d'autres. Le modèle « ICERB » suggère donc l'existence d'un ADN de la performance développé avec le temps. Inspirez-vous de ce que ce modèle vous montre. Faites vivre chacune de ces lettres dans votre quotidien. Transformez-les en actions concrètes. Et vous serez alors sur le bon chemin pour maximiser votre potentiel.

Dans la section suivante, je vais vous présenter la seconde partie de cette étude. Je me suis intéressé cette fois-ci à la manière de communiquer de ces athlètes et de ces entraîneurs et en particulier aux mots et références dont ils parlent le plus souvent. L'idée était pour moi d'identifier si le contenu de ce dont ils parlent pouvait également représenter un des marqueurs de l'ADN de la performance. En d'autres termes, est-ce que les mots qu'ils utilisent le plus souvent contribuent à les rendre plus performants ? En voici les résultats qui sont encore une fois très inspirants.

L'ADN DES MEILLEURS PERFORMEURS : CE DONT ILS PARLENT LE PLUS SOUVENT

Est-ce que les quinze meilleurs athlètes et meilleurs entraîneurs au monde avec lesquels je collabore parlent la même langue ? Est-ce qu'il y a des similitudes quant aux mots-clés qu'ils savent mettent en pratique ? Cette étude de cas suggère que oui. En effet, en relisant mes notes et surtout en me remémorant le contenu de mes séances de coaching avec eux, j'ai constaté qu'une grande majorité de ces individus faisait référence aux mêmes mots, aux mêmes concepts. Les cinq balises de la performance de haut niveau énoncées dans la section précédente s'organisant en quelque sorte autour de ces références-clés. Comme si ces individus limitaient volontairement la diversité de leur vocabulaire afin de se concentrer sur les références qui les aideront à avoir le plus d'impact.

J'ai décliné cette étude sous la forme de deux questions centrales :

1. Quelles sont les références les plus utilisées par ces individus les plus performants ?

2. Est-ce que ces mêmes références les distinguent des autres individus évoluant à un niveau de performance inférieur ?

Je vais vous présenter ces résultats sous la forme d'un schéma « nuage de mots » où vous retrouverez les références qu'ils utilisent le plus souvent. Comme je l'ai fait dans la première partie de cette analyse, je les expliciterai ensuite pour vous aider dans vos propres pratiques.

Les 17 références les plus utilisées par les meilleurs performeurs

Voici donc les 17 mots les plus utilisés par les meilleurs athlètes et meilleurs entraîneurs avec lesquels je travaille : « confiance », « performance », « résilience », « apprendre », « peur », « santé », « plaisir », « amis », « courage », « famille », « bien-être », « adversité », « processus », « plaisir », « respect », « valeurs », « détermination ».

J'ai classé ces références en quatre catégories que vous trouverez dans les rectangles gris foncé ci-dessous :

Ces quatre catégories démontrent la capacité de ces individus à penser dans leur sport mais également en dehors de celui-ci. Elles démontrent également une conscience fine des freins et des obstacles qu'il leur faudra surmonter. Considérant ces résultats, je souhaite partager avec vous quatre constats que vous pourriez trouver aidants.

Premièrement, ces athlètes et ces entraîneurs sont **conscients de ce qui les aide directement dans leur sport et dans leur vie** comme le montrent les deux rectangles placés en première ligne du schéma. Ces individus ont en effet la capacité de séparer les deux contextes, ce qui dénote une connaissance précise de ce dont ils ont besoin à très court et à plus long terme. S'ils savent que ces éléments sont connectés, cette capacité à les reconnaître séparément les aide car ils choisissent ce dont ils ont besoin en fonction du contexte dans lequel ils évoluent. Par exemple, l'identification par les meilleurs d'actions qui renforceront leur équilibre général dans la vie est plus prononcée avec ces athlètes et ces entraîneurs que chez les autres individus évoluant à des niveaux de compétitions inférieurs. Car les meilleurs savent que protéger leur santé physique et mentale sur le long terme renforcera leur performance en l'inscrivant dans la durée. Les autres individus évoluant à des niveaux inférieurs relèvent moins souvent ces éléments qu'ils remplacent souvent par des références propres à la mentalité d'entraînement telles que les mots « répétition », « travail dur », « discipline », « entraînement », etc. Il est à noter également que ce mot « entraînement » n'apparaît pas dans les mots les plus utilisés par les meilleurs. Bien sûr, ils l'exercent tous les jours mais préfèrent délibérément faire référence aux mots « confiance » et « détermination ».

Élément supplémentaire qu'il convient de noter ici, les meilleurs n'opposent pas les références les aidant respectivement dans leur vie et dans leur sport. Ceci nous est montré par le rectangle en bas à droite, qui dénote une compréhension globale chez eux de ce qui les aidera dans les deux contextes. Ces individus ont compris qu'il s'agissait de la même détermination, la même abnégation, et que celles-ci devaient s'exercer indifféremment dans leur sport et dans leur vie. Ils ont donc bien compris que progresser en tant qu'Homme les aidera en tant que Sportif et *vice versa*.

Deuxièmement, vous aurez constaté dans le schéma ci-dessus que **ces individus nomment relativement moins les obstacles à leur performance** (rectangle en bas à gauche). Nous retrouvons ici uniquement les mots « peur » et « adversité ». Si l'évocation de la blessure est présente dans nos discussions, elle reste nommée moins que les autres. Alors pourquoi cette prédominance de références plus positives dans leur manière de penser, de s'exprimer et d'agir ? Pour plusieurs raisons de mon point de vue. La première d'entre elles est la confiance qu'ils se portent. Ils savent quoi faire et croient en leurs moyens surtout quand ils rencontrent des obstacles. C'est la raison pour laquelle quatre-vingts pour cent des mots qu'ils utilisent le plus souvent ont une connotation plus positive ou aidante pour eux. Ils portent l'intime conviction qu'ils vont surmonter les obstacles placés sur leur chemin et donc ne ressentent pas la nécessité d'évoquer des éléments qu'ils ont su placer sous leur contrôle. De plus, cette mentalité de confiance a pour effet de leur faire prendre des décisions aidantes qui vont à leur tour en entraîner d'autres. Ils entreront donc dans le **modèle de décisions optimales (MDO)**, modèle que j'ai créé et que j'expliciterai dans la troisième partie de cet ouvrage. Ces individus, par leur proactivité, s'exposent donc moins aux difficultés que les autres.

Un autre élément est à noter ici. Ces individus sont pragmatiques et portent très peu d'attentes négatives. J'entends par là qu'ils traitent les événements – positifs ou négatifs – quand ceux-ci se présentent à eux. Car ils savent vivre dans le moment présent. Car ils ne créent que très rarement des scénarios hypothétiques. Ils vivent plus que les autres dans la réalité des faits et non pas dans le spectre de « ce qui pourrait se passer si... ». Par exemple, ils nommeront plus fréquemment la blessure quand ils se confronteront directement à elle. Y faire référence avant qu'elle ne survienne – comme le font beaucoup d'autres athlètes car la redoutant – n'a aucun sens pour eux.

Troisièmement, et dans le prolongement de ce que je décrivais à l'instant, le mot « peur » fait partie des références dont ils parlent le plus. Non pas qu'ils soient victimes de la peur plus que les autres, mais bien parce qu'ils identifient celle-ci d'une manière double, ce qui explique sa présence dans cette liste : un frein à leur performance mais également une **formidable opportunité de développement**. De manière provocatrice, je dirais qu'ils ont appris à apprivoiser la peur, ce qui explique qu'ils la nomment si volontiers. En faisant régulièrement appel à leur courage, ils sont parvenus à mettre la peur à leur service, en ayant appris à utiliser sa partie aidante. Par exemple, ces individus savent que la peur les rendra « alertes » afin d'anticiper. Ils savent qu'elle sublimera leur créativité pour les aider à mieux garder le contrôle. Le mécanisme est souvent inversé chez les athlètes et les entraîneurs évoluant à des niveaux inférieurs où la terminologie utilisée quant aux obstacles à leur performance est bien plus fournie et détaillée. Ceci dénote chez eux une certaine surestimation des risques, une sorte de vigilance déraisonnable.

Enfin, les meilleurs athlètes et les meilleurs entraîneurs se distinguent des autres par leur capacité **à mettre en pratique** ces références. Ils ne se contentent pas uniquement de les nommer. Ils les font vivre. Ils les testent en les poussant toujours plus loin. Je constate parfois que certains athlètes et certains entraîneurs évoluant à un niveau inférieur nomment également certains de ces mots. Ils savent que ces références montrent la bonne direction à suivre. Mais force est de constater qu'ils n'ont pas (encore) acquis la capacité à les mettre à leur service en les transformant en actions concrètes. À quelques reprises, au cours de mes séances de coaching avec eux, j'ai même parfois l'impression que ces individus souhaitent me donner les bonnes réponses, comme on récite une leçon à l'école, plutôt que de partager avec moi leurs réflexions et leurs réponses personnelles qui les placeraient alors sur le chemin de leur performance optimisée. Cette capacité de reconnaissance puis de mise en application de ces références par les meilleurs constitue de mon point de vue la pierre angulaire de leur succès. Ils ne laissent pas ces références devenir lettre morte, ils les font vivre et les nourrissent autour des notions de valeur et de respect – références apparaissant elles aussi dans leur liste –, qu'ils utilisent comme le ciment de leur performance.

J'ai décrit au cours de ce second chapitre les caractéristiques communes des meilleurs athlètes et des meilleurs entraîneurs du monde avec lesquels je collabore. Afin de rendre ce raisonnement le plus concret possible, j'ai créé puis explicité le modèle « ICERB » démontrant cinq balises de la performance mentale. J'ai par la suite analysé la terminologie qu'ils utilisent afin de vous permettre de comprendre la logique de ces individus. Dans la limite d'une étude mesurant un échantillon réduit, je suggère qu'il existe un ADN de la performance qui peut être développé et entraîné. J'espère que ces résultats vous auront donné une idée plus claire de ce pour quoi ces individus excellent sur le plan mental afin que vous puissiez vous en inspirer dans vos propres pratiques.

Je vais maintenant m'attacher à être encore plus concret. Le troisième chapitre de cet ouvrage vous présentera **trente-trois fiches pratiques** que j'ai créées, adaptées, optimisées pour renforcer votre performance mentale. Toutes ont été testées auprès de mes clients. J'ai sélectionné pour vous les plus efficaces. Vous y retrouverez les éléments fondamentaux présentés dans les deux premiers chapitres de cet ouvrage mais déclinés sous forme de fiches pratiques se voulant les plus aidantes et concrètes pour vous.

LES OUTILS DE VOTRE PERFORMANCE MENTALE

J'ai divisé ce chapitre en trois catégories : La première vous entraînera à consolider les grands principes de votre performance ; la deuxième, à mener ce travail d'introspection pour agir en dehors de votre zone de confort ; la troisième, à vous familiariser avec des situations spécifiques.

Afin que ces exercices vous soient le plus profitable possible, retenez bien ceci : appropriez-les-vous ; prenez du temps pour les comprendre puis pour les accomplir ; faites-les vôtres en ne les voyant pas comme une dissertation ou un devoir que vous devez rendre.

Comme pour le pont suspendu évoqué précédemment, votre objectif n'est pas de parvenir à tout prix à réaliser ces exercices. Il est de vous y essayer afin de progressivement mieux vous connaître et gagner le courage nécessaire pour changer certaines de vos pratiques.

Commençons par la première catégorie : les outils relatifs aux grands principes de votre performance.

LES GRANDS PRINCIPES DE VOTRE PERFORMANCE

1. LE COURAGE DE SORTIR DE VOTRE ZONE DE CONFORT

Comme je l'expliquais dans la première section de cet ouvrage, le **courage** est l'élément fondamental à votre performance. Il est et restera votre fil d'Ariane si vous souhaitez réellement maximiser votre potentiel. Vous exposer avec bravoure à des situations que vous ne connaissez pas ou peu va vous permettre d'élargir votre cercle de confiance grâce aux erreurs que vous allez commettre en chemin, mais également grâce aux résultats tangibles que vous allez obtenir. Je parle souvent avec mes clients de leur **« zone de confort »**. Celle-ci se définit comme « un état psychologique dans lequel une personne se sent à l'aise. Dans cette zone, elle peut garder le contrôle tout en éprouvant un faible niveau de stress et d'anxiété »[10]. Caractéristique commune des tous meilleurs, la capacité de sortir de celle-ci à des moments choisis vous conduira à la prochaine étape dans la maximisation de votre potentiel. Cette capacité peut s'appliquer à une multitude de situations que vous rencontrez chaque jour. Il vous appartient de saisir ces opportunités.

Par exemple, il s'agira pour un joueur de football – le mieux placé pour le faire – de prendre ses responsabilités en tirant au but alors même qu'il est saisi par le doute du fait de sa peur de rater, ou encore pour un employé de décider d'avoir une discussion sincère et constructive avec un collègue après une divergence de points de vue, mais également d'accepter de voir donc d'utiliser plus souvent ses points forts. Comme je le répète souvent, vous avez chaque jour qui passe vingt occasions pour améliorer votre confiance en vous en acceptant de sortir de votre zone de confort. Vous avez deux choix : le premier est de ne pas les voir ; le second est de les saisir. Vous aurez compris le choix que les tous meilleurs ont décidé de faire.

Rester soi-même en est un autre exemple. Par exemple, je travaille avec quelques joueurs finlandais champions du monde de hockey sur glace qui sont devenus millionnaires car évoluant dans la ligue la plus relevée du monde, la NHL aux États-Unis. Beaucoup de ces individus ont

---

10. Wikipédia, « *Zone de confort* », 2024.

eu le courage de rester eux-mêmes en dépit de leur réussite. Ils ont su rester proches de leur **socle de valeurs**. Ils ont réussi à éviter les différents pièges qui se sont multipliés sur leur chemin. Je me souviens de ce joueur multimillionnaire finlandais avec qui j'ai travaillé plusieurs mois. Son plus grand bonheur était de marcher en forêt avec son chien. De temps en temps, il partageait même les photos de ces promenades avec moi sur WhatsApp. Sa réussite au panthéon mondial de son sport était totale. Mais il a eu le courage de rester lui-même, évitant la solution de facilité de se laisser griser – et de se perdre en route. Certains d'entre vous qui auront lu mon précédent ouvrage se souviendront peut-être de ces différentes situations que je décrivais où le courage a été déterminant pour les athlètes et les entraîneurs qui s'y sont confrontés. J'évoquais cette coureuse de demi-fond qui a franchi un grand palier dans sa carrière internationale en se faisant assez confiance pour s'entraîner différemment et comme elle le ressentait. Ou ce boxeur professionnel qui décida de se confronter à son manque de patience afin de mieux aborder les combats longs nécessitant plus de relâchement de sa part. Ou moi-même qui refusais des collaborations de coaching avec de gros clients potentiels parce que mes valeurs et ma manière de travailler auraient été compromises. Être courageux paiera toujours. Vous ne serez jamais perdant. Essayez-y-vous. Les deux fiches pratiques suivantes devraient pouvoir vous y aider.

Fiche pratique 1a

Ayez le courage de sortir de votre zone de confort : De quoi est-elle faite ?

Rappelez-vous qu'elle se définit comme un « état psychologique dans lequel une personne se sent à l'aise. Dans cette zone, elle peut garder le contrôle tout en éprouvant un faible niveau de stress et d'anxiété. » L'idée ici est que vous réfléchissiez d'abord à ses caractéristiques. De quoi est faite la vôtre ?

Par exemple, ressentez-vous vos efforts comme étant suffisants dans certaines situations ? Refusez-vous parfois de les pousser plus loin ? Vous placez-vous sciemment dans des situations que vous connaissez bien – en évitant les autres – et, si oui, quelles sont-elles ? Cet exercice nécessite une grande honnêteté envers vous-même. L'idée est de ne pas vous juger en bien ou en mal mais bien de trouver ici ou là des situations qui vont vous permettre d'améliorer votre niveau de performance en vous challengeant davantage.

Pour débuter votre chemin, réfléchissez aux deux questions suivantes puis notez les situations qui vous viennent à l'esprit quant à votre zone de confort. Vous trouverez également quelques exemples afin de vous inspirer.

	Ne pas être honnête avec les gens autour de moi / ne pas dire ce que je pense pour éviter ce qui de mon point de vue pourrait se transformer en conflit
De quoi est faite votre zone de confort dans votre vie en général ?	Passer trop de temps sur les réseaux sociaux car je ne sais pas quoi faire d'autre

	Choisir des compétitions où le niveau est moins relevé pour y affronter des joueurs moins forts que moi sur le papier car je pense avoir plus de chances de les battre
De quoi est faite votre zone de confort dans votre sport en particulier ?	Travailler uniquement mes faiblesses - sans regarder mes points forts - car c'est ce que me répètent mes entraîneurs depuis des années

Encore une fois, prenez votre temps. Car si vous êtes assez honnête avec vous-même vous allez trouver d'autres idées et les ajouter à cette liste au cours des prochains jours et des prochaines semaines.

Fiche pratique 1b

Ayez le courage de sortir de votre zone de confort : Engagez-vous à sortir de celle-ci !

En fonction des situations que vous venez de lister, décrivez celles que vous vous engagez à modifier en vous plaçant en dehors de votre zone de confort.

1. Commencez par les actions que vous avez notées et qui correspondent à **votre vie en général**. Quels changements d'attitude vous engagez-vous à avoir ? Vous trouverez un exemple ci-dessous.

   Ex : au lieu de passer trop de temps sur les réseaux, je vais limiter celui-ci à une heure par jour maximum et remplacer ce temps gagné pour faire une marche courte dehors.

2. Continuez maintenant par les actions liées **à votre sport**. Quels sont les engagements que vous allez prendre pour créer un vrai changement ? Vous trouverez un exemple ci-dessous.

   Ex : Je vais me challenger en jouant des compétitions où le niveau est plus élevé même si cela signifie que je dois jouer plus souvent à l'étranger et moins souvent en France.

2. VOTRE BIEN-ÊTRE, PILIER NON NÉGOCIABLE DE VOTRE PERFORMANCE

Nous arrivons à un tournant majeur de cet ouvrage. Un des piliers de la performance optimisée de mon point de vue et surtout un élément non négociable pour tout un chacun : **votre bien-être**. Il se définit de manière simple comme « la satisfaction d'atteindre le niveau d'équilibre physique, psychologique, social et spirituel qui permet à une personne de vivre une vie heureuse et épanouissante »[11]. Il est donc un équilibre nécessaire mais très souvent fragile et souvent bafoué dans le sport de haut niveau ainsi que dans la vie en général.

Prenons l'exemple du sport professionnel. Il est un monde souvent cruel. Victimes d'une perte de valeurs évoquée dans mon précédent ouvrage, joueurs, athlètes, entraîneurs et équipes se retrouvent dans une compétition perpétuelle où hésiter, douter ou même ne pas progresser aussi vite que les autres est souvent rédhibitoire. Dans cet environnement contraint, ces individus n'ont que très peu d'opportunités de trouver un réconfort légitime et désintéressé. L'absence de bien-être sur la durée peut provoquer et aggraver des pathologies mentales sévères. J'ai moi-même été contacté par un nombre important d'athlètes – souvent dans la seconde partie de leur carrière – qui avaient développé ces mêmes pathologies et qui cherchaient une solution à leur addiction aux médicaments, alcool ou autres produits intoxicants. D'autres étaient victimes de dérèglement alimentaires depuis des mois, voire des années. Dans ces situations, je me suis rapidement rendu compte qu'un travail sur la durée avec un psychologue ou un praticien spécialisé restait la solution la plus adaptée pour ces individus. Je me souviens avoir contacté à plusieurs reprises des spécialistes de ces pathologies dans les pays où évoluaient ces athlètes afin de les réorienter. Si les médias s'intéressent de plus en plus au sujet de la santé mentale chez les sportifs de haut niveau, ce n'est que l'arbre qui cache la forêt. Le problème de la santé mentale des athlètes, également des entraîneurs, touche une grande

---

11. Wikipédia, ibid.

partie de ces publics. Même si la parole se libère quelque peu, beaucoup souffrent en silence, et agissent encore moins.

Je me souviens de cette discussion avec un des meilleurs joueurs au monde de volley-ball – médaillé olympique – avec qui je travaillais depuis quelques mois. Je commençai notre discussion par la question suivante :

« Si ton bien-être était un gâteau, quels en seraient ces ingrédients ? » – « Rejoindre ma femme et ma fille après les matchs » – « Pourquoi ? » – « Parce que je les aime et qu'elles m'aiment. Indépendamment de si je gagne ou si je perds. »

Comme dans cet exemple, le **bien-être inconditionnel** ne doit pas être lié exclusivement à un bon match ou à un nouveau contrat que l'athlète ou l'entraîneur aurait signé. Je parle ici d'un bien-être, ou « trésor de guerre » comme j'aime l'appeler, que personne ne pourra leur prendre. Vous prendre. C'est pourquoi ces mêmes individus se doivent d'agir de manière proactive afin de bâtir leur bien-être personnel malgré le contexte oppressant et contraint dans lequel ils évoluent. Commencez par ressentir profondément une reconnaissance envers ce que vous avez et qui vous fait du bien sera une première étape importante. Continuez par prendre des actions courageuses déconnectées de votre sport et qui élargiront le nombre de situations renforçant votre bien-être en sera une seconde déterminante. Si ces deux étapes sont réunies, ces individus, vous-même, parviendront à défendre cette **forteresse imprenable** que doit rester votre bien-être. Dans ce contexte de lien étroit entre bien-être et performance, je vous recommande l'ouvrage *The Core, Better Life, Better Performance*[12].

Laissez-moi m'attarder un instant sur les oubliés de cette quête du bien-être : les entraîneurs. Évoqués dans mon précédent ouvrage, ces individus subissent souvent les mêmes contraintes que les joueurs et les athlètes eux-mêmes car eux aussi sont sujets à l'obligation de résultat, l'éloignement géographique et familial, etc. En première ligne sur le plan médiatique et confrontés à la cruauté de leur marché du travail qui peut les voir remerciés après juste quelques jours, ils excluent consciemment ou inconsciemment leur propre bien-être de leurs priorités. Seuls certains

12. Saari Oskari Hintsa Aki, *The Core, Better Life, Better Performance*, WSOY, 2015

ont appris à éviter ce piège mais au prix de beaucoup d'efforts et de discipline que j'essaie d'insuffler puis de décupler chez d'eux.

Je me souviens de cette discussion avec l'un d'entre eux : Entraîneur de football connu et soudainement licencié après une courte série de défaites, il m'avait contacté car il se sentait glisser progressivement sur le plan psychologique. Son monde s'était effondré comme un château de cartes à l'annonce de son licenciement, entraînant dans sa chute ce qu'il croyait être un bien-être solide. Bien sûr, il avait la possibilité d'affronter la situation avec son épouse et sa famille, mais il n'avait jamais pris le temps de développer cette relation d'assistance avec eux. Il n'avait jamais demandé d'aide. Il s'était attaché pendant des années à apparaître auprès d'eux comme fort et avait entretenu cette image, encore et encore. Il avait maintenant le temps d'aller chercher ses enfants à l'école. Il se retrouvait à la maison sans avoir de planning serré. Il avait plus de temps avec son épouse. Son téléphone sonnait moins. Les messages reçus se faisaient plus rares. Cette nouvelle situation le plaçait dès les premiers jours dans un climat d'inconfort. Il fit donc appel à moi. Au cours de nos premières discussions, il m'est apparu assez clairement qu'il avait utilisé le football comme une bouée de sauvetage, et ce pendant des années. Notre travail commun a permis de le lui faire comprendre. Se raccrocher à cette bouée l'avez tiré vers le bas en tant qu'Homme et donc avait limité son potentiel en tant qu'entraîneur. Ce licenciement serait, comme je le lui avais annoncé lors de nos premières séances, **la plus belle opportunité** reçue pour devenir le meilleur entraîneur qu'il pourrait être, car il serait nommé mari et père en chef, statut qui construirait les fondations plus solides de sa nouvelle carrière et de sa vie d'Homme. S'il le décidait.

Cette nécessité de développer leur bien-être en parallèle de leur carrière est indispensable aux athlètes, aux entraîneurs et bien évidemment à tout un chacun. Car cela leur permet de compenser la pression régulière dont ils sont victimes, de mettre en place leur pare-feu. Le bien-être des entraîneurs ainsi que des managers en entreprises leur permet également d'avoir plus d'impact auprès de leurs joueurs et leurs employés, de parler moins mais de parler mieux, de prendre moins de décisions peu impactantes et de les remplacer par celles qui feront une vraie différence.

Je consacrerai dans le futur un ouvrage sur les besoins spécifiques des entraîneurs et managers dans le domaine du bien-être et de la performance. Pour le moment, je souhaite partager avec vous quelques outils qui protègeront les vôtres en les renforçant continuellement. De mon expérience, trois exercices ont spécifiquement prouvé leur efficacité. Commençons par le premier d'entre eux.

Fiche pratique 2a

Protégez et développez votre bien-être : Le diagnostic

Reportez-vous à la définition du bien-être énoncée précédemment. Il se définit comme « la satisfaction d'atteindre le niveau d'équilibre physique, psychologique, social et spirituel qui permet à une personne de vivre une vie heureuse et épanouissante ». Réfléchissez aux deux questions suivantes :

1. Basé sur cette définition et sur une échelle allant de 0 à 10, quelle note vous attribueriez-vous quant à votre **bien-être en général** ?

←――――――――――――――――――――――――――――――→

0 **5** **10**

2. Quelles sont les deux actions qui vous permettraient **d'augmenter cette note** d'un point (l'une concernant votre sport, l'autre votre vie en général) ? Par exemple, si vous vous êtes attribués un 7/10, quelles sont les deux actions que vous devriez prendre pour arriver à un 8/10 (ex : parler un peu plus souvent à vos proches, etc.) ?

Vous en savez maintenant un peu plus sur là où vous vous situez par rapport à votre bien-être. Passons maintenant à la seconde étape de ce raisonnement.

Fiche pratique 2b

Protégez et développez votre bien-être : Ce qui va vous aider

Passé la phase de diagnostic, je vous demanderai maintenant de réfléchir aux deux questions suivantes qui devraient vous aider à mieux comprendre ce dont vous avez besoin.

1. Listez les différentes situations – dans votre vie et dans votre sport – qui **renforcent vôtre bien-être ainsi que celles qui le menacent.** Ajoutez à votre liste initiale d'autres situations rencontrées au cours des semaines suivantes. Pour vous donner une idée, mes clients identifient

à l'issue de notre travail entre dix et vingt situations différentes en moyenne pour chaque catégorie. Alors soyez patient. Des exemples vous sont présentés.

Qu'est-ce qui **renforce** votre **bien-être** ?	Qu'est-ce qui **menace** votre **bien-être** ?
Quand je blague au téléphone avec mon meilleur ami	Quand j'ai une dispute avec mon conjoint avant le jour du match
Quand je lis une histoire à ma fille avant de la coucher	Quand l'entraîneur me convoque dans son bureau et me dit qu'il ne pourra pas me donner beaucoup de temps de jeu cette saison
Quand je me sens respecté par mes coéquipiers	Quand je passe plus d'une heure de suite sur mon smartphone

2. Classez maintenant ces différentes situations en fonction de leur degré positif ou négatif envers votre bien-être. En d'autres termes, si vous indiquez un **1** devant une situation, vous la classez comme étant la plus aidante ou la plus menaçante pour votre bien-être comparée aux autres que vous avez listées. Vous trouverez ci-dessous des exemples correspondant aux précédents.

Qu'est-ce qui **renforce** votre **bien-être** ?	Qu'est-ce qui **menace** votre **bien-être** ?
2. Quand je blague au téléphone avec mon meilleur ami	**1.** Quand j'ai une dispute avec mon conjoint avant le jour du match
1. Quand je lis une histoire à ma fille avant de la coucher	**2.** Quand l'entraîneur me convoque dans son bureau et me dit qu'il ne pourra pas me donner beaucoup de temps de jeu cette saison
3. Quand je me sens respecté par mes coéquipiers	**3.** Quand je passe plus d'une heure de suite sur mon smartphone

Vous êtes maintenant prêt pour aborder la phase finale de ce raisonnement : votre programme décliné en actions concrètes.

Fiche pratique 2c

Protégez et développez votre bien-être : Votre programme et ses actions concrètes

Vous savez maintenant où vous vous situez en termes de bien-être global. Vous savez également ce qui le renforce et ce qui le menace. Vous avez également la capacité d'en mesurer l'impact. Vous avez maintenant toutes les cartes en main pour décider des actions que vous allez prendre pour le protéger. En fonction des éléments de diagnostic que vous avez trouvés dans les parties a et b, réfléchissez donc à la question suivante : Qu'allez-vous faire pour **renforcer votre bien-être** au cours des six prochains mois ? Bâtissez votre programme autour de deux éléments majeurs :

1. La situation de bien-être que vous voudriez atteindre dans six mois **(OBJECTIF)**. En d'autres termes, la note que vous aimeriez obtenir et ses caractéristiques comme votre forme physique, votre forme mentale, etc.

2. Les actions que vous vous engagez à prendre pour atteindre cet objectif **(CHEMIN)** Décrivez ici les étapes et les actions que vous vous engagez à prendre en précisant quand vous vous allez les prendre

Vous trouverez des exemples ci-dessous.

OBJECTIF :
je veux me situer à un 9/10 en termes de bien-être dans 6 mois.

- Me sentir bien et confiant dans 5 situations de plus par rapport à aujourd'hui
- Je pense qu'il me faut développer une vie en dehors de mon sport et chercher d'autres sources de bien-être que celles liées à mon sport. Je veux en trouver 3 autres

CHEMIN :
pour atteindre cet objectif, je m'engage à prendre les actions suivantes

- Je sais que voir plus souvent mon meilleur ami renforce mon bien-être. Je vais donc le voir au moins deux fois par mois à partir de maintenant
- Je vais tester de nouvelles routines d'après match que je n'ai pas encore essayées. Par exemple, je vais consacrer la matinée de repos du lendemain de matchs, non plus en analysant mes stats, mais en allant marcher dehors sans mon téléphone pour me détendre

3. UTILISEZ PLUS SOUVENT VOS POINTS FORTS : LE MODÈLE « PFPO »

Cette section est de mon point de vue l'une des plus importantes pour vous aider à renforcer votre bien-être donc votre performance. Je veux parler de la connaissance de **vos points forts**. Définissons tout d'abord ce qu'est le point fort. Il se définit comme la « qualité supérieure de quelqu'un »[13]. Nous avons en effet tous et toutes des qualités propres relatives à des domaines dans lesquels nous excellons. Cela se traduit en pratique par une certaine facilité à effectuer certaines tâches sans en ressentir d'efforts particuliers dans des domaines ou des activités précises. Nous avons ainsi tous et toutes des points forts.

Rappelez-vous le chapitre précédant relatif aux caractéristiques des meilleurs athlètes et des meilleurs entraîneurs du monde. Dès lors que vous commencez un travail de coaching mental avec eux, la première des caractéristiques qui attire votre attention est leur capacité à utiliser naturellement et donc plus souvent leurs points forts. Car ces individus savent généralement là où ils excellent. Travaillant beaucoup avec des athlètes scandinaves dans différents sports dont l'athlétisme, il m'est apparu nécessaire de les aider à concilier l'humilité – faisant souvent partie de leur socle de valeurs – et cette connaissance fine de leurs points forts. L'alchimie opère dès lors que les deux ne sont pas perçues et ressenties comme contradictoires par les athlètes eux-mêmes. S'ils comprennent qu'ils peuvent connaître et utiliser leurs points forts plus souvent tout en restant humbles, la plupart d'entre eux vont atteindre un niveau de bien-être et de performance optimale. J'ai pu constater également que cette connaissance de leurs points forts les aidait à améliorer leurs faiblesses. Comment ? Tout simplement parce que le surcroît de confiance gagnée – par l'utilisation plus fréquente de leurs points forts et des résultats positifs qu'ils récoltent – leur permet de décider plus facilement d'améliorer les domaines où ils sont moins performants. Ils restent humbles tout en sachant qu'ils excellent ailleurs, ce qui leur procure une forme puissante de respect envers eux-mêmes.

13. Encyclopédie française, « Le point fort »

Une sorte d'acceptation inconditionnelle. Je résumerai ce cycle sous la forme du modèle ci-dessous :

Le modèle « Points forts pour performance optimisée » (PFPO)

Connaissance de vos points forts

↓

Utilisation plus fréquente de ceux-ci

↓

Performance **renforcée**

↓

Confiance en vous/**plaisir** renforcé

↓

Confiance plus **spontanée** pour améliorer vos faiblesses/sortir de votre zone de confort

↓

Performance **optimisée**

Bien évidemment et comme indiqué dans la première et la deuxième partie de ce livre, ce processus nécessite un travail régulier d'**introspection**. Beaucoup d'athlètes, entraîneurs et individus ne connaissent que trop peu leurs points forts, et ce pour des raisons diverses. Ils ne les connaissent pas, ne veulent pas les voir ou tout simplement pensent qu'ils n'en ont pas.

Je me souviens de ce joueur de niveau international avec qui j'ai travaillé plusieurs mois.

« Qu'est-ce qui t'a permis d'arriver à ce niveau si vite ? »
lui ai-je demandé.

« Je crois que j'ai un bon agent. »
m'a-t-il répondu d'un ton sérieux et sincère.

J'ai vite compris que ce n'était pas un trait d'humour. Il pensait réellement que seul son agent l'avait propulsé à ce niveau. Ce faisant, cette méconnaissance de lui-même allait considérablement freiner son développement, en tant que joueur mais également en tant qu'Homme.

Afin d'identifier vos points forts et m'inspirant de mon expérience, je vous recommande d'effectuer ce travail d'introspection tout d'abord par vous-même. Il est important que vous fassiez cet effort personnel en gardant son contenu le plus simple et factuel possible. D'autres préparateurs mentaux ou psychologues du sport vous recommanderont des études de personnalité payantes ou accessibles en ligne gratuitement afin d'identifier vos points forts plus facilement. Je ne vous recommande pas cette démarche, tout du moins à ce stade. L'idée est que vous preniez par vous-même la responsabilité de cet exercice. Dans le cas contraire, cela vous priverait de l'effort intellectuel nécessaire à son efficacité. Dans ce contexte, **le chemin a plus de valeur que le résultat lui-même**.

Réfléchissez maintenant à la fiche pratique suivante et aux questions qu'elle suggère.

Fiche pratique 3

Connaissez et utilisez plus souvent vos points forts

1a. Quels sont vos points forts ?

À votre avis, quels sont vos points forts dans votre sport et dans votre vie ? Pour ce faire, revenez aux faits. Souvenez-vous de vos grandes victoires et de vos petites victoires. Un examen réussit ? Une discussion franche et constructive avec un ami qui s'est bien terminée ? Un très bon match ? Quelles qualités avez-vous utilisées afin d'exceller dans ces situations ?

Pourquoi vos ami(e)s vous apprécient-ils ? Quelles sont les qualités qu'ils vous reconnaissent ? Encore une fois, faites l'exercice par vous-même de sorte d'en tirer le maximum de bénéfices. Vous trouverez quelques exemples ci-dessous.

Quels sont **vos points forts** dans votre vie en général?	Quels sont **vos points forts** dans votre sport en particulier?
Honnêteté	Rapidité
Sens de l'humour	Explosivité
Envie d'aider les autres	Endurance
Intelligence	Bonne lecture du jeu
Calme	Ne panique pas facilement
Patience	

1b. Comment pourriez-vous utiliser vos points forts plus souvent ?

Réfléchissez aux deux questions suivantes :

- Comment pourriez-vous utiliser plus souvent les points forts listés dans la partie 1a ?
- Comment pourriez-vous utiliser plus souvent vos points forts issus de la vie **dans** votre sport ? **Et *vice versa* ?** Par exemple, si vous avez identifié la patience comme point fort dans votre vie, dans quelles situations pourriez-vous être plus souvent patient dans votre sport ?

1a. Racontez-moi vos succès

Décrivez deux de vos succès ou deux objectifs que vous avez atteints. Peu importe qu'il s'agisse d'un gros ou d'un petit succès. Ces deux exemples doivent être issus de votre vie en général (ex : relation avec une personne, etc.) et de votre sport (ex : victoire dans une compétition, etc.). Soyez le plus précis possible en décrivant les qualités et les attitudes que vous avez utilisées pour atteindre ces objectifs.

2b. Comment pourriez-vous utiliser vos points forts plus souvent ?

En vous référant aux qualités que vous avez mises au jour dans la section 2a, décrivez la manière dont vous pourriez les **transférer** dans votre vie et dans votre sport.

Si vous avez été honnête avec vous-même et avez fait les efforts nécessaires pour réaliser un peu plus les bonnes choses que vous faites au quotidien, vous venez de prendre un peu plus conscience de votre potentiel. À partir de maintenant, continuez à être proactif en utilisant vos points forts plus fréquemment dans les différentes situations de votre vie et de votre sport. Rappelez-vous qu'ils sont connectés et que vous pouvez les utiliser de manière interchangeable.

4. CONCENTREZ-VOUS UNIQUEMENT SUR LES CHOSES SUR LESQUELLES VOUS AVEZ DU CONTRÔLE

Je vais vous proposer dans cette section un exercice simple qui vous permettra de vous concentrer uniquement sur ce qui est et sera aidant pour vous afin de maximiser votre potentiel. Nous sommes tous et toutes confrontés chaque jour à des situations sur lesquelles nous pouvons influer et d'autres qui sont totalement en dehors de notre contrôle. Je vous donne un exemple simple me concernant. Voyageant beaucoup pour des raisons familiales et professionnelles, je me retrouve souvent dans des trajets longs en avion. Il y a quelques années, j'étais dans l'incapacité de profiter de ces moments car je ressentais une certaine lassitude quant au temps que je percevais comme « perdu ». Dans cette situation, il va de soi que je n'ai aucun contrôle, en particulier sur le temps de trajet que je ne peux réduire. Se retrouver dans un embouteillage n'offre pas non plus de possibilités de contrôle de notre part. Fulminer, se sentir frustré, ne changera rien au temps nécessaire pour accomplir ces trajets. En intégrant ce constat, la meilleure des réactions que nous puissions avoir est d'accepter la situation – en l'embrassant pleinement – puis de la tourner à notre avantage en la transformant en une **opportunité**.

En revanche, nous nous trouvons au cœur d'autres situations sur lesquelles nous avons un contrôle partiel ou total.

Pour conserver mes deux exemples : Cela serait en effet mon propre choix de décider d'accomplir une tâche spécifique lors de mes voyages en avion, tâche que je ne pourrais accomplir dans ces mêmes conditions de calme et de temps suffisant dans d'autres circonstances. L'écriture de ce livre en est une démonstration, l'ayant rédigé en bonne partie lors de mes voyages en avion ou de temps d'attente à l'aéroport. J'ai ainsi transformé ces situations en une opportunité, évitant par là même les émotions négatives de frustration relative à ma perception erronée de perte du temps.

Qu'en est-il alors de la situation de l'embouteillage ?

Comme dans toute situation, vous avez l'opportunité de la tourner à votre avantage également. Écouter une chanson ou de la musique que vous aimez mais que vous n'avez que trop peu écoutée au cours des derniers mois en est un exemple simple. Ou encore suivre un podcast qui vous intéresse depuis longtemps sans jamais avoir franchi le pas. Les exemples sont légion. Il vous suffit juste de les voir et d'être assez proactif pour les préparer et les utiliser quand le moment sera venu. Le cas échéant, profitez de cette opportunité puis demandez-vous si la décision que vous avez prise vous a aidé. Avez-vous réussi à la tourner à votre avantage ?

Le schéma ci-dessous résumera ce raisonnement sous forme de questions pertinentes à vous poser régulièrement :

Nous reviendrons plus tard dans cet ouvrage sur la notion de **lieu de maîtrise** qui vous présentera également la situation selon laquelle nous pouvons nous tromper sur le degré de contrôle que nous pensons avoir sur une situation. Cette perception différente du niveau de contrôle étant fonction de notre volonté plus ou moins affirmée d'accepter en toute responsabilité les conséquences de nos décisions.

Afin encore une fois de rendre cet ouvrage le plus aidant pour vous, permettez-moi de partager avec vous un autre exemple : Ayant travaillé plusieurs mois avec un boxeur professionnel – en particulier sur l'analyse des freins à sa performance –, j'ai observé qu'il était victime depuis plusieurs années d'un comportement récurrent qui limitait son développement. Il suivait en effet avec assiduité les commentaires postés à son sujet sur certains réseaux sociaux. Ponctuellement, il répondait même à certains d'entre eux quand il les ressentait comme particulièrement négatifs à son égard.

Nous engageâmes alors la discussion suivante :

« Tu regardes souvent les commentaires te concernant sur les réseaux sociaux ? », lui ai-je demandé. – « Non, pas vraiment. Seulement quand j'ai un peu de temps. Je suis curieux de voir ce qui se dit sur moi. » – « Comment te sens-tu quand tu lis ces commentaires ? » – « Parfois cela me fait plaisir. De temps en temps, cela m'amuse. Mais quelquefois, cela me met en boule. » – « Est-ce que lire les commentaires sur les réseaux – positifs ou négatifs – t'aident à te sentir mieux en général et à être un meilleur boxeur ? » – « Disons que certains commentaires négatifs me font beaucoup de mal. Je m'en souviens longtemps. J'aime lire les commentaires positifs mais je ne m'en souviens pas aussi bien que les autres. » – « Donc la réponse à ma question est non si je comprends bien ? » – « En effet. Je souffre plus de certains commentaires que le contraire. » – « Pourquoi les lis-tu alors ? » – « Je ne sais pas vraiment. Quand j'ai du temps, je fais ce genre de truc sans vraiment savoir pourquoi. Mais j'imagine quand même que je veux que les gens m'aiment et c'est pourquoi je regarde ce qu'ils disent. » – « Penses-tu avoir le pouvoir de faire que tout le monde t'aime ? » – « Non. » – « Pourquoi ? » – « Je suppose que j'aurai toujours des détracteurs. Des gens qui ne me connaissent pas. Des gens qui ne connaissent rien à la boxe. Je sais que beaucoup de personnes déversent ce type de commentaires sur les réseaux sans savoir. » – « Tu as raison. Tu m'as expliqué aussi

que tu réponds toi-même de temps en temps à certains commentaires et sans passer par ton équipe. Quand tu l'as fait, es-tu parvenu à faire changer d'avis les auteurs des commentaires ? » – « Apparemment non si j'en crois leurs réponses ! » – « Cela nous dit alors que tu n'as pas ou très peu de contrôle sur cette situation. Tu ne peux pas la changer. Consulter ces réseaux et répondre à certains commentaires est donc une perte de temps pour toi. Et en chemin, cela t'abîme. »

Il acquiesça.

Nous avons tous et toutes besoin d'être aimés. Mais pour l'être, il nous faut être capable de nous aimer nous-mêmes. Sans sa propre acceptation ni courage pour l'autoriser, il nous sera difficile de trouver le bonheur car nous deviendrons alors dépendants du regard et du jugement des autres pour nous l'offrir. Afin de comprendre ce mécanisme, je vous conseille également l'ouvrage *The Courage to Be Disliked*[14].

Je demandai alors au boxeur :

« Imaginons que tu te retrouves dans la même situation la semaine prochaine. Tu es à la maison après un entraînement. Tu as du temps. Que pourrais-tu faire pour ne pas tomber dans ce même piège de consulter les réseaux ? » – « Je vais y réfléchir et reviens vers toi. »

Deux semaines plus tard, il me présenta plusieurs idées. Il en choisit deux et commença à les mettre en pratique. Je vous compterai la suite de cette histoire ultérieurement, ce qui vous permettra de vous familiariser avec un nouvel outil à votre performance mentale que vous pourrez alors combiner à celui-ci.

---

14. Kishimi Ichiro Fumitake Koga, *The courage to be disliked*, Dimond Imc. 2013

Pour le moment, concentrons-nous sur la fiche pratique suivante qui vous aidera à mettre en application le raisonnement que je viens de présenter.

Fiche pratique 4

Gardez le contrôle : La décision la plus aidante

Souvenez-vous de ce cycle :

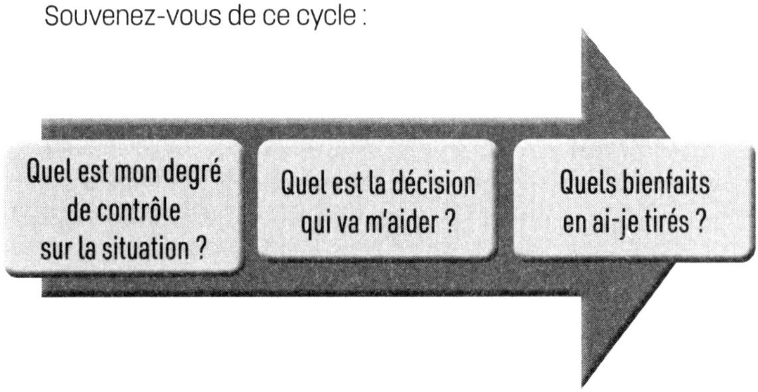

Pensez aux trois situations présentées auparavant : le temps de vol, l'embouteillage et la consultation excessive des réseaux sociaux.

Réfléchissez à votre tour à trois situations dans lesquelles vous vous êtes retrouvé et que vous considérez comme ayant été négatives pour vous. Deux d'entre elles doivent être liées à votre sport, une à votre vie en général.

1. Listez-les puis ajoutez pour chacune d'entre elles le **niveau de contrôle** que vous avez sur elles : *Total*, *Partiel*, ou *Nul*.

2. Décrivez les **émotions** que vous avez ressenties au cours de ces situations (ex : colère, frustration, etc.). Soyez le plus précis possible.

3. Quelle(s) décision(s) vous engagez-vous à prendre pour chacune d'entre elles dans le futur afin de rendre votre réaction plus aidante pour vous ? En d'autres termes, comment pourriez-vous transformer ces situations négatives en une **opportunité** ?

4. Quelques semaines plus tard et après avoir mis en place ces nouvelles réactions, prenez quelques minutes et **réfléchissez au résultat**. Est-ce que ces nouvelles réactions vous ont aidé ?

5. DE QUOI EST FAITE VOTRE MEILLEURE PERFORMANCE ?

L'exercice suivant a permis à bon nombre d'athlètes, entraîneurs, managers et individus avec lesquels j'ai travaillé de réaliser des progrès significatifs. Il va vous aider à comprendre de quoi est faite votre performance maximale. Vous trouverez ses principes directement dans la fiche pratique suivante :

Fiche pratique 5a

De quoi est faite votre meilleure performance : Quels sont ses ingrédients ?

Je souhaiterais que vous pensiez à un gâteau ou à un plat que vous aimez cuisiner ou manger. Un plat que vous avez préparé à la maison ou que vous commandez généralement au restaurant. Imaginez que ce gâteau ou plat représente votre performance maximale. Le niveau optimal que vous avez atteint dans votre sport ou dans votre vie jusque aujourd'hui ou celui que vous voudriez atteindre dans le futur. L'imaginez-vous ?

Listez ensuite les **ingrédients** de ce plat ou gâteau. En d'autres termes, de quels ingrédients est faite votre meilleure performance ou niveau maximal ?

Pour vous aider dans cette réflexion, vous trouverez ci-dessous quelques exemples encore une fois issus de ma pratique :

1. Je m'entraîne six jours par semaine.

2. J'essaie de progresser tactiquement car je sais que j'ai une marge de progression dans ce domaine.

3. Je fais des activités détachées de mon sport pour m'aider à penser à autre chose.

4. Je dois écouter mes entraîneurs mais également leur dire ce que je pense honnêtement.

5. J'ai besoin d'au moins huit heures de sommeil par jour.

6. Je dois accepter de commettre des erreurs.

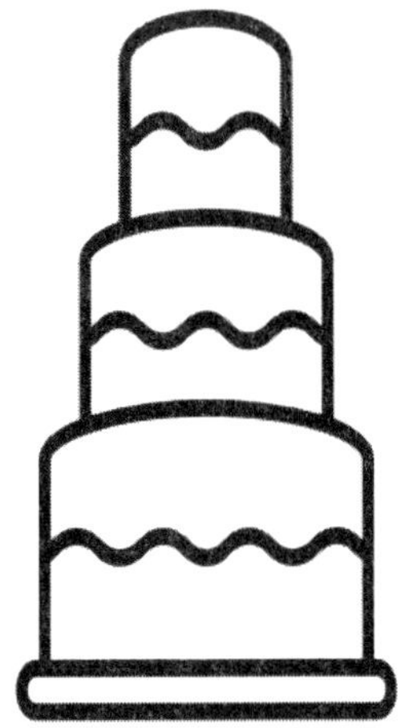

Pensez-vous avoir oublié quelque chose ? Mon expérience me dit que certainement. Comme indiqué précédemment, cet exercice doit s'étaler dans le temps. D'autres idées vous viendront. Ne vous précipitez pas.

Si vous avez débuté cette fiche pratique en trouvant d'ores et déjà quelques ingrédients, vous êtes sur la bonne voie. Vous commencez à avoir une idée un peu plus claire de ce dont vous avez besoin pour nourrir votre performance optimale. La difficulté de cette liste est de réaliser à quel point d'autres aspects relatifs à votre performance maximale entrent en ligne de compte.

Souvenez-vous de la section relative aux caractéristiques communes des meilleurs athlètes et des meilleurs entraîneurs du monde. Ces individus ne se contentent pas uniquement de s'entraîner dur, d'exécuter encore et encore des gestes techniques afin de les maîtriser, de dormir un certain nombre d'heures par nuit ou de faire attention à ce qu'ils mangent. S'ils suivaient uniquement ces protocoles, beaucoup d'entre eux ne feraient pas partie des meilleurs au monde. La réalité est plus complexe. Mais pas inabordable. Ces athlètes et ces entraîneurs ont été assez courageux pour penser puis agir différemment en sortant de leur zone de confort. Ils ont compris que d'autres ingrédients devaient s'ajouter à la recette de leur performance optimale incluant ceux répondant à leurs besoins uniques. Rappelez-vous que nous sommes tous et toutes foncièrement différent(e)s. Une recette universelle n'aidera donc qu'une partie des individus, laissant sur le bord du chemin les autres.

Passons maintenant à la seconde étape de ce raisonnement.

Fiche pratique 5b

De quoi est faite votre performance maximale : Mélangez les ingrédients

Jetez un œil aux ingrédients du gâteau ou du plat que vous venez de lister. Pourriez-vous remplacer chacun d'entre eux par une action concrète ? Quelque chose que vous pourriez faire demain et qui petit à petit vous aiderait à préparer le plat ou le gâteau de votre niveau maximum ?

Pour vous aider dans vos réflexions, vous trouverez ci-dessous d'autres exemples ainsi que les résultats obtenus par certains de mes clients en termes de performance.

Je sais que ma performance est faite aussi d'un sentiment de sécurité financière. Je voudrais être moins inquiet quant à la reconduction ou non de mon contrat pour jouer plus librement

Je vais suivre un cours en ligne pour m'aider à mieux gérer mon argent et potentiellement investir

Je vais prendre rendez-vous avec ma banque pour savoir quelles sont les options possibles afin de réaliser un investissement immobilier

...

Résultat : Plaisir et performance accrue

Je sais que ma performance est faite de temps déconnecté de mon sport. Y penser tout le temps me dessert. Je dois planifier du temps pour moi, en dehors de mon sport

Je sais que j'aime cuisiner mais je n'ai jamais le temps de le faire. Je vais prendre ce temps. Je vais acheter un ou deux ustensiles de cuisine et m'essayer à cuisiner à partir de ce soir

Je vais m'inscrire à un cours de cuisine

...

Résultat : La cuisine a permis à cet athlète de se découvrir plus patient. Il utilisera alors cette même patience plus souvent dans son sport

6. ACCEPTER LES ERREURS RESTE LE MEILLEUR MOYEN D'EN FAIRE MOINS

Un jour, alors que j'étais interviewé par un média canadien[15], on me demanda quelle phrase j'ai le plus utilisée au cours de mes sessions de coaching. Sans conteste, je pense que celle que je cite très régulièrement est la suivante : **« accepte les erreurs »**.

J'ai un rapport particulier avec l'erreur. Je la considère comme une amie proche. Car j'apprends toujours de sa part. Elle m'aide à progresser et à me rendre plus fort. J'en ai fait un véritable *credo*. J'ai même consacré un chapitre à cette vieille amie dans mon précédent ouvrage. Sa gestion optimale est l'un de mes combats afin d'optimiser la performance de mes clients. Ce combat m'a permis d'aider avec grand succès un nombre considérable d'individus dans leur sport et dans leur vie. Mais ma position quant à elle m'a parfois attiré les foudres de certaines fédérations, entraîneurs ou autres acteurs du sport professionnel. Elle m'a même fait perdre des collaborations importantes car les entraîneurs impliqués auraient préféré « recruter » comme ils aiment le dire un coach de performance mentale relayant exactement leur discours, même quand celui-ci s'avère contreproductif pour la performance de l'équipe. Qu'importe. Mon objectif est de faire progresser mes clients. Pas d'obtenir des postes.

Je répète souvent à mes clients que mon rôle de coach de performance mentale est de ramener nos échanges à des faits concrets et tangibles. Accompagnant certains des meilleurs athlètes ou des meilleures équipes au monde, je constate chaque semaine les erreurs que commettent ces mêmes joueurs dans certaines situations de jeu, de compétition, et dans leur vie en général. Comme nous tous. Une passe imprécise, une erreur de communication d'un entraîneur, un manque de lecture de jeu sur une action précise. Pourquoi croyez-vous que ces individus rebondissent plus rapidement après avoir commis des

---

15. MeSearch, Podcast, Épisode « Frédéric MERELLE, mental performance coach », Déc. 2021.

erreurs ou en font moins comparer aux autres ? Parce qu'ils savent que les erreurs surviendront. Ils les ont acceptées en amont pour mieux les tourner à leur avantage après qu'elles sont apparues.

Les erreurs se produisent, que les entraîneurs, athlètes, observateurs et individus en général le veuillent ou non. Car nos sportifs, managers et individus restent des êtres humains. Avec leurs forces et leurs faiblesses. Ils ne sont pas des machines programmées. **La quête insensée vers le perfectionnisme total est vouée à l'échec.** Elle casse le bien-être de chacun, diminue la performance et est bien souvent la cause de pathologies mentales rencontrées puis développées par ses victimes. Il est toujours plus aidant de travailler sur les causes que sur les conséquences. Alors apprenons à accepter les erreurs, pour être capable de les tourner à notre avantage tout en n'en commettant moins.

Pour réussir à le faire, il vous faudra encore une fois être proactif en vous plaçant délibérément en dehors de votre zone de confort. Le schéma suivant vous permettra de comprendre cette logique.

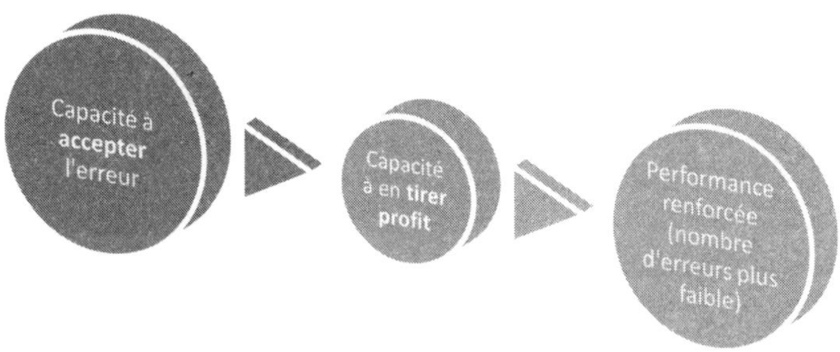

Cette fiche pratique vous aidera à mettre en application ce raisonnement.

Fiche pratique 6

Tournez l'erreur à votre avantage

Prenez quelques minutes afin de réfléchir à vos erreurs passées ainsi qu'aux décisions que vous avez prises – que vous ne considérez pas forcément comme des erreurs – mais qui vous ont placé dans une situation difficile, voire inconfortable.

Puis réfléchissez aux trois questions suivantes (afin de vous aider, vous trouverez des exemples énoncés en dessous de ces trois questions) :

1. Au cours des six derniers mois, quelles sont les erreurs que vous pensez avoir commises qui vous ont placé dans une situation difficile dans votre sport et dans votre vie ? Décrivez-les aussi précisément que possible.

2. Pour chacune d'entre elles, **changez votre perception** en réfléchissant à ce qu'elles vous ont appris ou peuvent encore vous apprendre. Ce faisant, vous allez commencer à comprendre en quoi vous pouvez les utiliser pour devenir plus performant mentalement.

3. Quels **changements d'attitudes** et de comportements vous engagez-vous à opérer dans les mêmes situations la prochaine fois ?

Exemples de gestion optimale de l'erreur

Quelle erreur ?

Football : J'étais le mieux placé pour tirer au but mais je ne l'ai pas fait car j'ai eu peur de rater le cadre

Cyclisme : J'ai changé ma vitesse de montée du col quand mon adversaire a attaqué et suis passé en surrégime. J'ai tenu 1 km puis j'ai décroché car je ne roulais pas à mon rythme. J'ai terminé très loin au classement et ai pris 0 plaisir

Ce qu'elle m'a appris

Football : Qu'il faut être courageux et se faire confiance. Trop penser ne m'aide pas

Cyclisme : Qu'il faut que je me concentre sur moi-même. J'aurais dû continuer à rouler à mon rythme même si mon adversaire se détachait. J'aurais bien mieux terminé et aurais pris plus de plaisir

Que ferai-je de différent la prochaine fois ?

Football : Je tirerai au but sans hésitation

Cyclisme : Je me ferai assez confiance pour continuer sur le rythme qui est le mien. Je resterai dans le moment présent et ne permettrai pas aux autres de m'imposer leur stratégie

Passons maintenant à un autre grand fondement de la performance. La confiance que vous avez la possibilité d'installer de manière proactive si vous le décidez.

7. CONSTRUISEZ DE MANIÈRE PROACTIVE VOTRE CONFIANCE

Tout d'abord, qu'est-ce que la confiance en soi ? Albert Bandura la définit comme « une croyance en la capacité de réussir dans des situations spécifiques ou d'accomplir une tâche »[16]. Nous sommes tous et toutes observateurs de cette confiance en nous-mêmes. Un observateur souvent passif. Comme je le rappelais dans le premier chapitre de ce livre, la confiance en soi et en ses moyens est une caractéristique commune des meilleurs athlètes et des meilleurs entraîneurs du monde. Ils ont la capacité de l'utiliser plus souvent ainsi que de la faire durer plus longtemps. Ce qui a pour effet de la développer toujours plus loin. Mais cette capacité n'est pas faite de hasard, ni d'une capacité innée qui se voudrait immuable comme certains le disent. La confiance est le fruit de leur proactivité et de leur courage à sortir de leur zone de confort en cherchant à en repousser les limites toujours plus loin.

Rappelez-vous un moment de votre vie ou de votre sport où vous vous êtes senti particulièrement confiant. Comment étais-ce ? Qu'avez-vous ressenti ? Beaucoup d'individus vivent ces moments avant de les oublier, avant de s'en souvenir soudainement, sans même savoir pourquoi.

Généralement, j'aborde rapidement avec mes clients le sujet de la confiance proactive. Car elle est cruciale. Je leur demande souvent de quoi elle est faite. La réponse est souvent pour eux ardue à trouver. En plusieurs années de pratique, la grande majorité des échanges que j'ai eus avec mes athlètes pourrait être transcrite de cette manière :

« Qu'est-ce qui te donne de la confiance ? »
– « Quand je me sens à 100 % physiquement. »
– « Est-ce possible tout le temps ? »
– « Non mais cela arrive plutôt régulièrement. »
– « Sur une saison complète, à quel pourcentage du temps estimes-tu être à 100 % physiquement

16. Bandura Albert, *Self-Efficac y: The Exercise of Control*, Worth publishers, 1997.

lors de chaque entraînement et compétition ? »
– « Je dirais dans 60-70 % des cas. »
– « Que fais-tu alors les 30 ou 40 % du temps restant quand tu ne te sens pas au top physiquement ? »
– « Je fais ce que je peux. 😊 »

Voilà tout le problème. Il est physiologiquement et physiquement impossible de se sentir à 100 % de ses capacités physiques chaque jour. C'est un fait. Nous nous réveillons tous et toutes chaque matin avec des sensations différentes. Cette réponse qui m'est communément faite – incluant beaucoup d'athlètes français – traduit une certaine inertie des pratiques et donc du système en place. Le poids de la performance physique dans la performance, s'il est critique, ne doit pas formater athlètes et équipes afin de les rendre passifs dans leur quête d'une **confiance diverse**. J'ai souvent eu l'impression que cette réponse qui m'est faite régulièrement autour de la prédominance de l'aspect physique dans la confiance était vue par mes clients comme la bonne réponse à donner. Ironie de constater que cette réponse est souvent bien plus étoffée et diverse venant d'athlètes étrangers avec qui je travaille. Je le constate chaque semaine.

De mon point de vue, cette perception de mes clients tricolores leur a été inculquée en partie par le cursus scolaire français puis a été entretenue par les entraîneurs les accompagnant, et ce pendant des années. Comment alors changer après tant d'années d'inertie ? L'enseignement de la performance mentale – souvent inadapté aux besoins individuels des individus – n'améliore pas ou très peu leur performance mentale. Les effets d'annonce et autres dispositifs mis en place par les fédérations au cours des dernières années sur les aspects de préparation mentale sonnent souvent creux et n'ont jamais engagé une méthodologie efficace, car concrète, seule à même de produire des effets durables. En conséquence, les résultats des athlètes et équipes françaises restent souvent inférieurs à ceux des grandes nations mondiales, et ce spécialement dans les compétitions internationales les plus relevées où la performance mentale est la plus sollicitée.

Comme je le répète souvent à mes clients, il n'y a pas de bonnes ou de mauvaises réponses quand on s'inscrit honnêtement dans un travail de performance mentale. Mais sous la condition essentielle que les réponses viennent des individus eux-mêmes. De mon expérience, ces derniers peuvent tomber dans deux pièges : tout d'abord, l'absence d'honnêteté individuelle pour comprendre et installer leur propre confiance. Ensuite, leur manque de proactivité pour aller chercher d'autres sources de confiance.

Pour pallier cette situation, j'aide mes clients à trouver différentes sources de confiance. En effet, elles proviennent d'horizons différents. L'un des meilleurs joueurs du monde de hockey sur glace avec qui je travaille, évoluant aux États-Unis, me confiait que dans sa **liste de confiance** figurait le fait de faire un peu de menuiserie à la maison dans son temps libre. Car il y avait découvert des qualités qu'il possédait qu'il ne soupçonnait pas et qu'il est maintenant capable d'utiliser dans son sport avec confiance. Il est devenu grâce à notre travail assez proactif pour élargir sa liste en trouvant une multitude de situations lui procurant de la confiance. Il peut alors les utiliser à sa guise dès lors que certaines sources ne seraient pas disponibles et ce afin de gagner, même avec un plan B.

Vous trouverez ci-dessous un exercice simple qui vous aidera à bâtir ces plans alternatifs de confiance. Encore une fois, prenez votre temps pour établir cette liste. Vous y ajouterez d'autres sources de confiance avec le temps. Cherchez-les régulièrement de manière proactive. Gardez également en tête que vous ne pourrez pas vous sentir confiant tout le temps. Personne ne le peut. Mais elle vous accompagnera encore plus souvent.

Fiche pratique 7

Développez votre confiance proactive

Qu'est-ce qui vous permet de vous sentir confiant ? L'idée ici est que vous décriviez le plus précisément possible les actions et situations qui vous donnent de la confiance. Celles-ci concernent votre sport, mais également votre vie en général.

Écrivez tout d'abord en titre – schéma ci-dessous – ce qui vous permet de vous sentir plus confiant en général. Décrivez ensuite les actions vous permettant d'y parvenir. Afin de vous aider, vous trouverez des exemples précis tirés de mon expérience avec certains de mes clients.

Souvenez-vous que si vous devenez encore plus conscient de l'impact positif de toutes ces situations et de toutes ces actions sur votre confiance, vous serez alors en mesure de mieux les mettre en application. En conséquence, vous vous sentirez plus confiant plus souvent.

- **CONFIANCE =** dans le moment présent
  - Blaguer avec un équipier dans le vestiaire avant le match pour me mettre de bonne humeur et moins ressentir la pression
  - M'asseoir dans les gradins avant le match et comptempler calmement le stade encore vide
- **CONFIANCE =** je relativise l'impact de ma performance
  - Passer du temps avec mes proches avant la compétition
  - Me rappeler que si ma performance de ce soir n'est pas bonne, je ferai de toute façon quelque chose que j'aime demain
- **CONFIANCE =** je me souviens de mes qualités et points forts
  - Regarder encore une fois ma liste de points forts avant le match
  - Revivre une situation de jeu où j'ai été décisif dernièrement

8. NE CHERCHEZ PAS À TOUT PRIX À ÊTRE DANS LA ZONE

Mes clients ainsi que ceux et celles qui se sont intéressés à mes travaux au cours des dernières années le savent. Je ne suis pas un grand fan de la *zone*. Tout d'abord, définissons-la. Elle est un « état mental atteint par une personne lorsqu'elle est complètement plongée dans une activité et qu'elle se trouve dans un état maximal de concentration, de plein engagement et de satisfaction dans son accomplissement. Fondamentalement, le *flow* se caractérise par l'absorption totale d'une personne par son occupation. »[17] Alors pourquoi est-ce que je porte cette réserve envers la zone ? La raison n'est pas que je ne crois pas en l'existence de cet état mental. J'aide régulièrement mes clients à la trouver, ce qu'ils parviennent à faire de temps à autre. Mais la réalité dans laquelle nous sommes tous et toutes est que nous sommes sujets chaque jour qui passe à différentes humeurs, émotions, sensations – négatives ou positives – qu'il nous faut savoir gérer au mieux. Ce qui signifie que nous nous trouvons rarement dans un état d'optimisation mentale caractérisée par la zone. Nous sommes bien plus souvent en dehors de celle-ci qu'en son sein.

---

17. Wikipédia, « *The Flow* ».

Afin de confronter cette opinion à des faits concrets, je me suis posé cette question simple : basé sur mon expérience des sept dernières années à travailler avec un échantillon très large d'individus de culture et nationalités différentes, quel pourcentage d'entre eux ont performé dans la zone ? La réponse est claire et sans appel : moins de 20 %. Ce qui signifie que dans 80 % des cas, ces mêmes athlètes – y compris les meilleurs du monde avec qui je travaille – ont dû performer dans un état de performance mental non optimal. Ils ont joué, couru, lancé en ne se sentant pas à 100 % d'une performance mentale optimisée. Ils l'ont fait en devant gérer leurs problèmes du moment sur des sujets divers et variés. Ces 80 % du temps passé en dehors d'un état de performance mentale optimale n'auront pas empêché une grande majorité d'entre eux de gagner, de battre leur record personnel et d'atteindre leurs objectifs. De mon point de vue, c'est ici que réside le problème majeur du sport français. Nos athlètes, équipes, entraîneurs – à de rares exceptions près – parviennent difficilement à gérer le scénario où le plan ne se déroule pas comme espéré. En effet et *a fortiori* dans les compétitions internationales les plus relevées, la confiance décroît chez eux plus vite que chez les autres dès lors que le plan A n'est pas disponible. Et malheureusement beaucoup n'avaient pas fait le choix de bâtir un plan B ou un plan C suffisamment solide. Cette approche quant à l'impact de la zone corrobore les travaux de Ken Ravizza, l'un des plus influents coachs de performance mentale au monde qui parlait de « surestimation de la zone en général »[18].

Je me souviens de ce jeune athlète français qui m'avait contacté *via* les réseaux sociaux et à qui j'avais demandé quelles étaient ses motivations pour commencer un travail avec moi.

« Je veux apprendre à être dans la zone. »
m'avait-il répondu.

– « Alors je vais vite te décevoir. »
lui ai-je rétorqué d'un ton amusé.

Comme pour l'erreur, mon conseil est de vous détacher de cette quête de la zone ou du *flow*. Abandonnez l'idée de la trouver, vous la rencontrerez alors plus souvent. Mais, comme vous l'avez déjà compris, il vous sera bien plus bénéfique d'apprendre à performer dans des jours « moyens » ou « sans » quand vous ne vous sentez pas dans un état mental optimal. J'évoquerai plus tard dans cet ouvrage ce que j'appelle le **perfectionnisme déraisonnable** annihilant le potentiel de beaucoup de sportifs. Ce fantasme de la croisade vers la zone répond au même

18. Wikipédia, Peak Performance Sports, « A Tribute to Ken Ravizza ».

mécanisme de mon point de vue. Ne la cherchez pas à outrance. Soyez convaincu que vous pouvez gagner ou atteindre votre objectif un jour où les choses ne vont pas forcément comme vous voulez. Faites-vous assez confiance pour y croire, et vous ressentirez profondément celle-ci, sans la forcer. Pour vous y aider, suivez la fiche pratique suivante :

Fiche pratique 8

Sachez agir et gagner avec les moyens du jour

Souvenez-vous des deux dernières années. Réfléchissez aux questions suivantes :

1. À votre avis, à quel pourcentage avez-vous performé ou agit – en compétition officielle, dans votre emploi ou dans des situations de vie marquées par une certaine pression – dans un état mental s'apparentant à la zone (ex : exécution automatique des gestes, tout vous paraissant facile, vous jouez et agissez sans penser, vous performez ou agissez à un niveau inégalé) ?

   % de situation(s) au cours des 2 dernières années :

2. À votre avis, à quel pourcentage avez-vous performé dans les situations listées ci-dessus en ne vous sentant pas dans un état de performance mentale optimale ?

   % de situation(s) au cours des 2 dernières années :

3. Revenez à la section précédente intitulée « De quoi est faite votre performance ? ». Identifiez un ou deux ingrédients que vous pourriez emmener avec vous quand vous ne vous sentez pas au maximum sur le plan mental. Ces ingrédients maximiseront vos chances de performer à un niveau suffisant pour gagner ou atteindre votre objectif ce jour-là. Comme un gâteau que vous souhaitez préparer conformément à la recette tout en sachant qu'il vous manque deux ingrédients pour le faire. Votre objectif est donc de trouver et d'utiliser **deux ingrédients de substitution** qui permettront à votre gâteau ou plat d'être suffisant, bon et au plus proche de la recette. Vous aurez d'ores et déjà compris que vous allez bâtir votre plan B.

9. UTILISEZ LA VARIABLE D'AJUSTEMENT : LE MODÈLE « VAPB »

Votre performance maximale est comme un puzzle. Vous assemblez progressivement ses pièces les unes avec les autres. Pièces qui dessineront progressivement ses contours puis ses détails les plus précis. Nous prenons tous et toutes un certain nombre de décisions dans la vie en fonction d'événements et d'obstacles que nous rencontrons sans que nous sachions si celles-ci sont les bonnes. Nous avançons donc tous et toutes dans le noir.

Je parle avec des athlètes, des entraîneurs, amateurs et professionnels, des managers et tout un chacun chaque semaine depuis des années. Nous travaillons à améliorer leur niveau de performance grâce à un certain nombre d'outils. Je les aide à utiliser les bienfaits d'un perfectionnisme contrôlé qui a amené les meilleurs là où ils sont tout en incitant ces individus à procéder aux ajustements nécessaires que le perfectionnisme déraisonnable n'autorise pas. Comme je le rappelle dans ce livre, nous sommes tous foncièrement différents. Nous copier les uns les autres *via* des protocoles uniques n'a donc aucun sens car cela exclut nos différences qui sont le catalyseur de la performance de haut niveau.

Dans ce contexte, il apparaît donc essentiel qu'athlètes, entraîneurs et individus en général utilisent ce que j'appelle **la variable d'ajustement**. Je la définis comme étant « la décision consciente ou inconsciente que les individus prennent souvent au dernier moment pour ajuster une ou certaines de leurs actions habituelles afin de maximiser leur chance d'atteindre leur objectif en fonction de circonstances altérées ». Nous parlons donc bien d'une décision différente prise par un individu, non pas basée sur une conscience rationnelle mais plus d'ordre instinctif, qui aidera d'autant mieux son auteur à atteindre son objectif en fonction d'un contexte particulier.

Prenons un exemple concret. J'ai travaillé avec beaucoup d'athlètes et même d'entraîneurs autour de leur routine et de leur préparation d'avant-match. Beaucoup d'entre eux exécutent au cours de celles-ci un certain nombre d'actions souvent dans un ordre précis : la préparation de leur sac de sport, la place où ils s'assoient dans le bus ou au vestiaire, etc. Je me souviens de ces cinq matchs disputés par l'équipe nationale qui m'avait demandé de l'aider pour une importante compétition internationale il y a quelques années. Les membres du staff technique s'asseyaient exactement aux mêmes places dans le vestiaire, tout comme dans le bus et même au restaurant de l'hôtel, tel un rituel que personne n'osait défier. **Entretenir l'inutile n'a jamais apporté de plus-value à mes yeux**.

Comprenez-moi bien. Il y a quelque chose d'aidant et de positif dans ces routines, que se soient celles des joueurs, encadrements techniques et individus en général. Je l'appelle **« le filet de sécurité »**. Car la répétition rassure. Elle conforte. Nous pensons faire mieux ce que nous avons déjà fait. Mais jusqu'à une certaine limite que beaucoup ne souhaitent pas voir. Il y a en effet un côté éminemment négatif attaché à ces pratiques car elles emprisonnent leurs auteurs dans un environnement statique les empêchant de sortir de leur zone de confort qui leur aurait pourtant permis alors de performer à un niveau supérieur. La réalité dans laquelle nous sommes tous et toutes est que beaucoup d'athlètes, d'entraîneurs et d'individus performent et agissent de manières différentes même s'ils suivent la même routine d'avant-match ou d'événement. C'est un fait. Je ne dénie pas l'intérêt des phénomènes de superstition – ainsi que bien évidemment l'importance de la religion pour certains athlètes – qui peuvent s'avérer aidantes à la performance, mais dans la limite où ces individus conservent la responsabilité de leur développement pour lequel ils doivent rester les acteurs principaux. Dès lors que ces comportements confèrent une sorte d'alibi aux individus afin qu'ils se dissimulent dans leur zone de confort, ces derniers ne maximiseront jamais leur potentiel. J'ai rencontré beaucoup de ces situations, notamment chez certains joueurs de football professionnels. Leur croyance est un atout, à condition qu'elle ne soit pas utilisée comme un moyen de se défausser. Si tel est le cas, ces joueurs ne maximiseront jamais leur potentiel. Certains deviendront très bons mais pas les meilleurs. Et personne ne pourra les aider à le devenir s'ils ne sont pas assez courageux pour utiliser cette variable d'ajustement qui respecterait parfaitement leur croyance légitime et aidante tout en leur permettant de découvrir des ressources inexploitées qu'ils portent en eux.

J'apprends donc aux individus en général à se faire assez confiance pour ajuster leurs comportements en fonction de leurs ressentis, de leurs émotions à des moments qui le commandent. Peut-être se sont-ils réveillés plus fatigués que d'habitude ce matin ? Pourquoi ne pas alors faire évoluer quelque peu leur échauffement ? Peut-être ressentent-ils le besoin de s'entretenir cinq minutes avec leur entraîneur avant le match, même si cela modifierait quelque peu leur routine ? Peut-être ressentent-ils le besoin de parler un peu plus avec les autres joueurs dans le vestiaire au lieu de s'enfermer dans leur bulle ?

J'ai formalisé ce raisonnement sous la forme du modèle suivant que j'ai nommé **« variable d'ajustement pour plan B » (VAPB)**. Elle vous présente les différentes étapes qui amèneront un athlète ou un individu à adapter sa préparation d'avant-compétition ou d'avant-échéance – nommée « routine » – en fonction de la conscience qu'il possède de son état émotionnel altéré. Elle démontre que cette prise de conscience initiale va être la source de changements dans la routine puis d'une capitalisation d'expérience permettant ensuite d'améliorer les prises de décisions futures. En d'autres termes, l'individu portera encore plus de confiance en ses décisions car il se sentira capable de les modifier quand nécessaire et ce en fonction de son état émotionnel.

Variable d'ajustement pour plan B (VAPB)

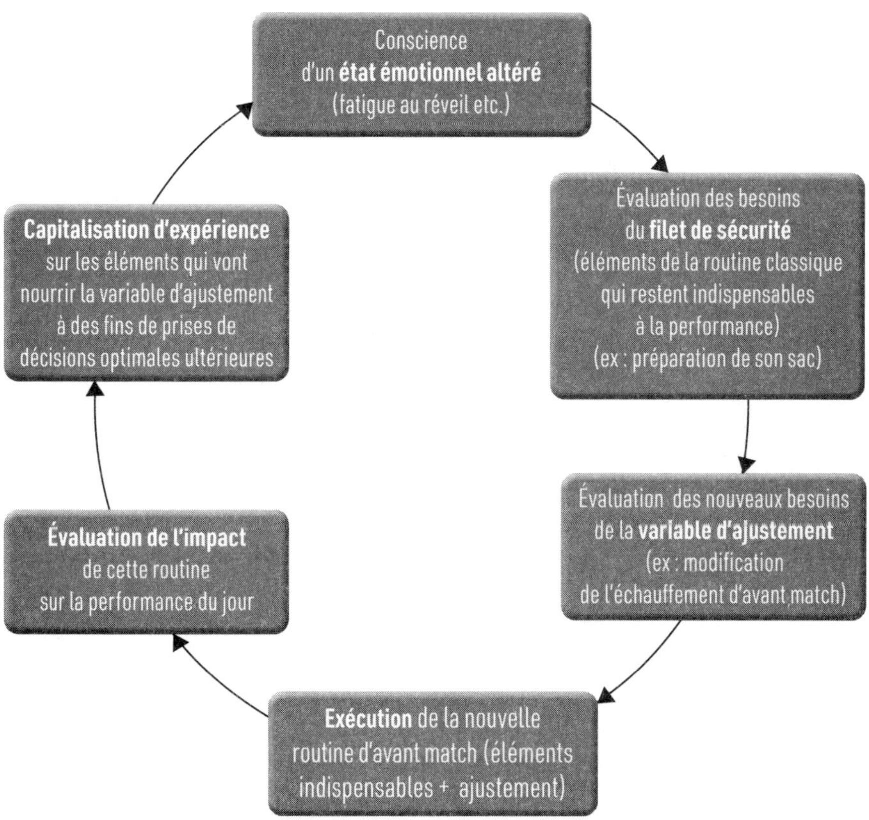

Bien évidemment, ce modèle est transposable à d'autres situations nécessitant une altération du processus de décision en fonction des circonstances. Vous verrez dans les sections suivantes que cette variable d'ajustement renforcera également d'autres outils spécifiques, ces derniers étant tous connectés et se rendant mutuellement plus forts.

Les exercices suivants vous aideront j'espère à gagner assez de courage pour utiliser cette variable quand nécessaire.

Fiche pratique 9

La variable d'ajustement

Comme nous venons de le voir, la performance de haut niveau est également faite de la capacité des individus en général à ajuster leurs comportements et leurs décisions en fonction de leur état physique, psychique et émotionnel à l'instant T du jour J.

Si les routines d'avant-match ou autres événements de la vie sont importants, n'hésitez pas à les faire évoluer en fonction de vos besoins du jour en en gardant bien sûr les éléments les plus aidants. Utilisez donc à bon escient cette **variable d'ajustement**.

Alors quelles sont ces petites choses que vous pourriez changer ici ou là ?

Réfléchissez à ce que **vous auriez pu changer** ou ajuster au cours de vos dernières prestations et vos derniers événements en termes de préparation. Est-ce que vous avez parfois des comportements et des attitudes que vous faites machinalement sans même savoir pourquoi et qui n'apporteraient pas de bienfaits particuliers à votre performance ?

Cherchez bien. Détaillez-les. Si vous les trouvez, vous serez alors capable d'optimiser votre performance en leur soustrayant le superflu et l'inutile. Afin de faciliter cet exercice, vous trouverez ci-dessous quelques exemples.

La variable d'ajustement : exemples

Je me suis réveillé un peu plus fatigué que d'habitude ce matin

- Je vais ajuster ma sieste d'avant match en la faisant débuter un peu plus tôt et en mettant mon alarme 20 minutes plus tard que d'habitude
- Je vais parler au préparateur physique afin qu'il m'aide à faire une session de réveil musculaire plus intense. Même si cela modifie ma routine d'avant match, je pense que cela va m'aider car j'ai besoin aujourd'hui de quelque chose de plus percutant

Cela ne va pas fort avec ma copine en ce moment. Cela se ressent sur ma performance. J'ai l'habitude d'être dans ma bulle avant les matchs mais je sens que j'ai besoin d'autres choses pour oublier mes problèmes personnels

- Je sens que j'ai besoin de blaguer avec les autres. Je vais essayer de m'ouvrir un peu plus dans le vestiaire en parlant et plaisantant avec mes coéquipiers. Pourquoi rester seul dans ma bulle alors que j'ai besoin des autres pour me sentir un peu mieux aujourd'hui ?

LE BESOIN DE MIEUX VOUS CONNAÎTRE POUR VOUS DÉPASSER

10. VOTRE SOCLE DE VALEURS

Comme nous l'avons vu dans le premier chapitre de cet ouvrage, la définition de mon propre **socle de valeurs** a joué un rôle majeur dans ma philosophie et ma méthode de coaching. Il m'a aidé à mieux me connaître. Sa découverte a également répondu à beaucoup de questions que je me posais quant aux choix que j'ai faits dans le passé. Pour mémoire, mon socle de valeurs est ci-dessous :

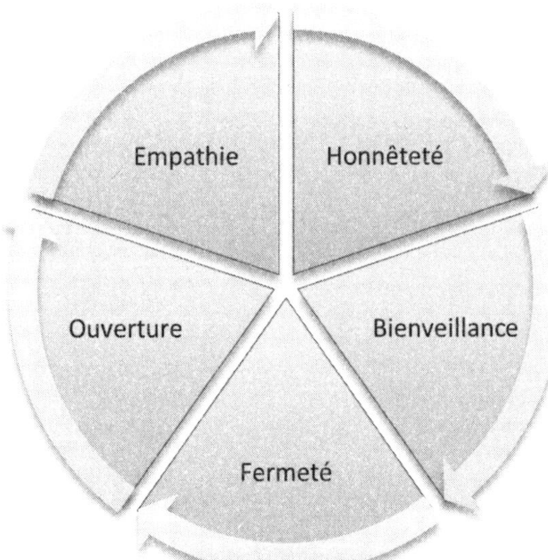

Déterminer notre propre socle de valeurs est donc indispensable. Comment pourrions-nous construire notre propre bien-être et donc optimiser notre performance sans connaître la personne que nous sommes ? Comme indiqué précédemment, vous trouverez pléthore d'outils sur Internet afin de vous aider dans la recherche de vos valeurs personnelles. Peu seront très aidants car l'efficacité de cet exercice dépend de votre courage pour mettre au jour vos solutions individuelles. Celles qui se trouvent au plus profond de vous.

Pour vous aider à mieux connaître la personne que vous êtes et savoir ce que vous voulez réellement dans la vie, vous trouverez ci-dessous une fiche pratique que j'ai construite en plusieurs étapes.

Elle commence par quatre questions qui ont pour objectif de vous aider à amorcer votre réflexion sur vos valeurs personnelles. Vous aurez ensuite à confronter ce que vous aurez découvert à la réalité de votre parcours de vie. Puis vous dessinerez les contours de votre socle de valeurs avant d'en discuter avec vos proches pour enfin en déterminer le contenu précis. Bonnes découvertes.

Fiche pratique 10

Quel est votre socle de valeurs ?

Comme point de départ de cet exercice, j'ai formalisé pour vous un jeu de quatre questions représentées par le schéma ci-dessous.

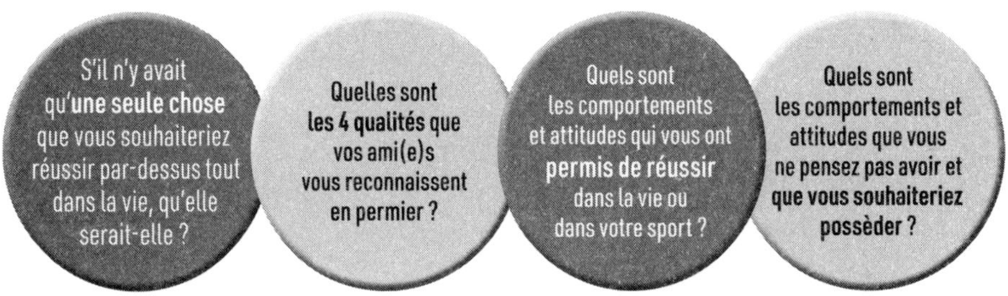

1. Répondez à ces questions dans l'ordre que vous souhaitez. Dans chacune des bulles ci-dessous – et dans la limite de **huit** – insérez les qualités et les valeurs trouvées. Vous aurez ainsi dessiné l'ébauche de votre socle de valeurs, en somme les contours du puzzle.

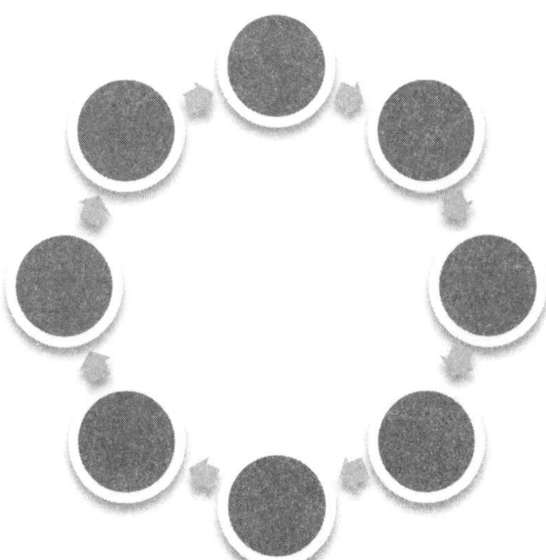

2. **Confronter vos résultats** aux étapes et événements majeurs de votre vie. Par exemple, si vos ami(e)s ont identifié chez vous votre honnêteté, dans quelles situations passées de votre vie en général pensez-vous en avoir fait preuve ? L'idée ici est que vous confrontiez ce que vous avez découvert à la réalité des faits.

3. Avez-vous mis au jour des valeurs découvertes dans le point 1 puis confirmées dans le point 2 ? Insérez dans les bulles ci-dessous un maximum de six éléments qui sont **communs aux deux catégories** en essayant de les connecter entre elles (ex : l'un entraînant plus facilement l'autre, etc.). Une fois réalisé, vous en saurez un peu plus sur ce qu'est ou pourrait être votre socle de valeurs personnelles.

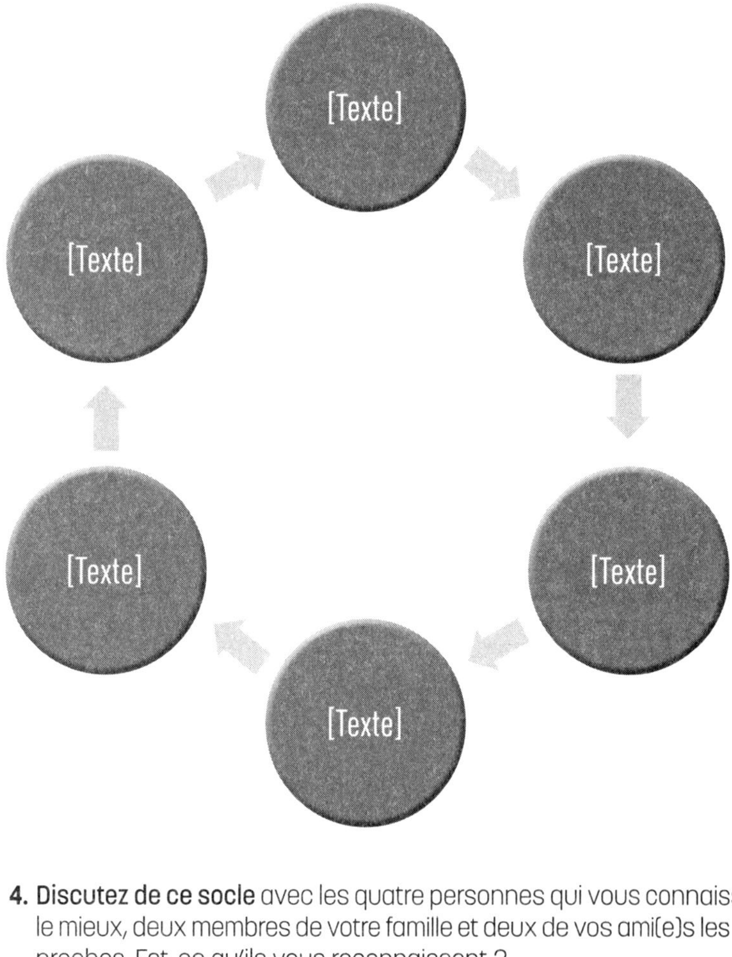

4. **Discutez de ce socle** avec les quatre personnes qui vous connaissent le mieux, deux membres de votre famille et deux de vos ami(e)s les plus proches. Est-ce qu'ils vous reconnaissent ?

5. **Affinez** votre socle de valeurs en fonction de votre discussion, si nécessaire.

11. QUELS SONT VOS ANGLES MORTS ?

Continuons avec un autre sujet essentiel à votre progression. Je veux parler des **angles morts**[19]. En termes simples, ils représentent des biais émotionnels nous faisant parfois agir de manière partiale et injuste sans que nous nous en rendions compte. Nous avons tous et toutes un niveau de connaissance de nous-mêmes qui reste partiel. Nous avons parfois des comportements dans notre quotidien dont nous ne nous savons pas qu'ils nous pénalisent nous-mêmes ou blessent les gens de notre entourage. Nous ignorons la plupart du temps ces comportements. Si nous entrons en conflit avec ces mêmes personnes par la suite – victimes de nos comportements injustes –, certains d'entre nous vont préférer ne pas se demander si ces mêmes comportements en ont été la cause, quitte à répéter encore et encore ces mêmes attitudes injustes à leur égard puis envers d'autres.

Dans ce contexte, j'attire votre attention sur la notion de **lieu de maîtrise**[20]. Il se définit comme « la tendance que les individus ont à considérer que les événements qui les affectent sont le résultat de leurs actions ou, au contraire, qu'ils sont le fait de facteurs externes sur lesquels ils n'ont que peu d'influence, par exemple la chance, le hasard, les autres [...] ». Chaque individu le possède. S'il est interne, un individu va considérer que ses résultats et ses performances sont le résultat de ses propres actions. S'il est externe, il va *a contrario* estimer que le résultat final est le fruit d'éléments extérieurs sur lesquels il ne peut influer. Le degré de responsabilité « acceptée » de ces individus est donc différent. Il ne sera pas aisé pour les seconds de maximiser leur potentiel, non pas car leur niveau de contrôle est mauvais mais bien parce qu'ils ne mèneront pas ce travail d'introspection nécessaire à la maximisation de leur potentiel. Ces individus pensent qu'ils n'ont aucune prise sur les facteurs qui affecteront leurs résultats. Un comportement ou une attitude inappropriée de leur part quant à l'objectif qu'ils se sont fixé ne sera pas perçu en tant que tel par eux. Ils ne modifieront donc pas leurs comportements dans le futur afin d'obtenir un résultat différent. Dans leur situation, leur chemin de progression sera difficile à mener à bien car ils vont répéter avec insistance certains comportements allant à l'encontre d'une performance optimisée.

---

19. Gill Louis-Nascan, *Biais d'angle mort*, Guide pratique des biais cognitifs, document électronique, 2020.
20. Wikipédia, « Lieu de maîtrise ».

Si vous en êtes arrivés à ce stade du livre, cela signifie que vous avez peut-être débuté votre propre travail d'introspection afin de mieux connaître vos angles morts. Il est maintenant temps pour vous de vous interroger sur l'impact de ceux-ci sur vous-même et sur les autres. Pour ce faire, je vous propose quelques questions réflectives sur lesquelles j'aimerais que vous réfléchissiez. Cet exercice jouera un rôle majeur dans votre développement. En effet, s'il est souvent redouté par tout un chacun car pouvant mettre au jour des choses que nous ne souhaitons pas toujours voir sur nous-mêmes, il clarifiera de manière significative le chemin qu'il vous faudra parcourir pour maximiser votre performance. Alors utilisez encore une fois votre **courage**. Et vous en récolterez alors les bénéfices au centuple.

Fiche pratique 11

Quels sont vos angles morts ?

1. Pensez-vous avoir des comportements qui blessent les autres ou qui vous empêchent de performer à un niveau supérieur dans votre sport et dans votre vie en général ? Si oui, quels sont-ils ?

2. Quel **lieu de maîtrise** pensez-vous posséder en général (interne ou externe) ? Pensez-vous que votre entourage proche et ceux qui vous connaissent le mieux seraient d'accord avec vous ?

3. Êtes-vous prêt à entendre ce que les autres pensent de vous et en particulier les **comportements que vous devez améliorer** comme tout un chacun ? Si oui, discutez-en avec vos proches dans un esprit constructif et ouvert.

4. Détaillez vos réflexions. Qu'allez-vous **changer** ?

N'oubliez pas que cet exercice est une chance pour vous-même, car si vous le menez à bien vous améliorerez de manière significative votre bien-être et votre performance.

12. CONNAISSEZ DONC CONTRÔLEZ MIEUX VOS ATTENTES

Un des obstacles récurrents à la performance est la mauvaise **gestion de l'attente**. Définissons tout d'abord ce qu'elle est. Elle caractérise « la condition d'une personne qui a l'espoir que quelque chose [...] devienne réalité. »[21]. L'attente se différencie de l'objectif qui est quant à lui l'aboutissement du chemin qui vous mènera pas à pas vers un résultat donné. La signification de l'objectif est donc plus neutre que celle de l'attente car cette dernière véhicule un espoir, une aspiration, une certaine espérance que quelque chose va (doit) se passer. Si nous transposons l'attente dans le domaine du sport, elle définira ainsi l'espoir d'une victoire, de certaines statistiques de jeux, un meilleur contrat la saison prochaine, le souhait de ne pas décevoir ses fans ou ses parents, etc. Dans la vie en général, elle se caractérisera par l'attente d'être promu dans son travail, l'espoir d'impressionner les autres *via* les réseaux sociaux, etc. Nous sommes tous porteurs d'attentes. Celles-ci restent positives et aidantes dès lors qu'elles posent les fondations du « chemin » pour atteindre un résultat donné : objectif clair, planning de travail précis, surcroît de motivation pour un match, etc. Mais le fait est qu'elles peuvent impacter négativement votre performance en faisant sortir athlètes, équipes, entraîneurs, managers et autres individus du moment où ils restent le plus efficaces : le moment présent.

Pour savoir mieux contrôler vos attentes afin qu'elles ne se transforment pas en maux, il vous faut d'abord être capable de les identifier afin de devenir plus conscient de leur contenu, leur fréquence et leur impact. Dans mon implication au sein des sports collectifs, l'attente la plus régulière que je traite est la statistique. Bien trop relayée par l'encadrement technique et les entraîneurs, la statistique est de mon point de vue et d'après mon expérience l'une des pires menaces pour la performance. Tout du moins quand elle est espérée, anticipée et comparée. Si l'analyse de l'information est un élément moteur de la performance pensée dans un cadre d'évaluation, la statistique anticipée et espérée individuellement par l'athlète ou l'entraîneur à des fins de comparaison est le **poison de la performance**. Comme toutes

21. Wikipédia, Ressources Psycho, « L'importance psychologique de bien gérer ses attentes au quotidien », 2000.

attentes négatives, la statistique vous fragilisera. Ainsi qu'indiqué dans une section précédente, je ne compte plus les joueurs qui me contactent m'expliquant qu'ils passent un temps régulier sur leur smartphone ou leur ordinateur à comparer les statistiques des joueurs avec qui ils pensent être en compétition. Je me souviens même d'un joueur de tennis professionnel qui analysait les résultats individuels des adversaires qu'il pouvait hypothétiquement rencontrer au cours des semaines suivantes. Ce joueur n'était plus dans la réalité factuelle du moment, il se plaçait sciemment et régulièrement dans le futur en imaginant des scénarios différents dont la grande majorité ne se matérialisera pas. Si vous vous reconnaissez dans cette pratique, posez-vous la question suivante : « Puis-je changer les statistiques passées de mes adversaires futurs ? »

La réponse est évidemment non. Si vous vous souvenez de la règle énoncée dans la section relative à votre contrôle sur les choses, vous savez ce qu'il vous reste à faire : abandonner cette pratique car elle diminuera votre performance. Et elle a certainement dû déjà commencer.

La fiche pratique suivante vous aidera à mieux contrôler vos attentes négatives. Encore une fois, gardez en tête que vous ne pourrez pas vous débarrasser de celles-ci complétement. Ne portez pas cette attente supplémentaire. Notre cerveau est en effet construit d'une manière où tout danger est et sera anticipé. Mais vous pouvez lui apprendre à en contrôler la majorité. Comme je le dis souvent, certaines attentes resteront présentes en vous. Mais si vous savez les identifier et si vous devenez plus conscient de leur impact négatif sur vous-même et sur votre performance, vous n'en serez alors plus aussi souvent porteur.

Comme pour les autres fiches pratiques présentées dans ce livre, je ne vous obligerai pas à en dresser une liste exhaustive et ce dès vos premières tentatives. Vous ajouterez au fil de l'eau des attentes supplémentaires que vous identifierez au gré des situations dans lesquelles vous vous trouverez dans les semaines suivantes.

Fiche pratique 12

Contrôlez mieux vos attentes négatives

Est-ce que vous vous dites souvent « je dois absolument atteindre ces statistiques à la fin du match » ou encore « c'est impératif que ma présentation pour la réunion de demain soit parfaite car je veux impressionner mon chef » ?

Si oui, ces attentes ont eu d'ores et déjà des conséquences négatives sur votre performance et votre bien-être en général. Si d'un côté elles peuvent s'avérer positives si inscrites dans le chemin qui vous y conduira, cette **obligation du résultat final** que vous portez sur vos épaules vous a également amené un surcroît de pression qui a diminué votre performance globale. Ainsi, dès lors que les choses ne se passent pas comme vous l'espérez (ex : léger décalage de votre présentation, problème technique pour commencer, etc.), et ce dans la grande majorité des cas, votre confiance va décroître, réduisant ainsi votre performance globale.

Comme dans le déroulement des fiches précédentes, réfléchissez aux trois questions suivantes. Vous trouverez des exemples en dessous de ces questions afin de vous aider à comprendre ce raisonnement :

1. Au cours des six derniers mois, quelles sont les **attentes** dans votre sport et dans votre vie que vous avez portées sur vos épaules ? Détaillez-les aussi précisément que possible.

2. En quoi ont-elles pu vous apporter ce surcroît de pression ? Par exemple, à l'approche d'un match important, avez-vous pensé à la nécessité de ne pas décevoir vos parents ? Avez-vous eu l'impression de jouer quelque peu avec le frein à main en ayant trop peur de l'erreur, et si oui pour quelles raisons ?

3. Quels changements de comportements vous engagez-vous à opérer dans les mêmes situations la prochaine fois et ce afin de mieux contrôler ces attentes négatives ?

Exemples d'attentes négatives

Quelles attentes négatives ?	Pourquoi ont-elles été négatives sur ma performance ?	Qu'est-ce que je m'engage à faire la prochaine fois dans la même situation ?
Je ne peux pas me permettre de perdre ce soir	J'ai clairement joué dans la peur de faire une erreur. Je n'ai pas joué mon jeu. J'ai été bien trop passif.	Je ne vais pas me placer dans cette obligation de résultat ! J'aurai de toute façon beaucoup d'autres occasions de montrer ce dont je suis capable alors pourquoi m'interdire de jouer mon jeu et de prendre du plaisir ce soir ?

Dans la continuité de cet exercice, passons maintenant à un autre élément fondamental de votre performance. Celui lié à votre ligne de temps.

13. QUAND VIVEZ-VOUS LE PLUS SOUVENT ?

Il m'arrive de poser des questions parfois étranges à mes clients. Afin de les faire réagir. Le titre de cette section en est un exemple et vous en découvrirez d'autres dans les prochaines. Je crois d'ailleurs savoir que certains de mes clients – jouant pour la même équipe – s'amusent de certaines de mes questions en en parlant ensemble dans les vestiaires !

La performance optimale est faite, entre autres, de la capacité des individus à vivre dans le moment présent. **Embrasser** la situation dans laquelle nous nous trouvons en nous concentrant exclusivement sur ce qui se passe au moment où il se passe – et pas sur ce qui pourrait arriver ou sur ce qui s'est passé – restera un gage de performance optimale pour nous. Beaucoup d'individus rencontrent cependant de grandes difficultés à endosser cette mentalité car depuis des années ils ont appris à se concentrer en priorité sur le résultat potentiel futur ou sur la résurgence possible d'un problème passé qu'ils ont rencontré et dont ils pensent qu'il pourrait se produire encore. Bien évidemment, beaucoup d'individus sont sujets à ce réflexe de défense alimenté par l'anticipation du danger éventuel évoquée précédemment. Pas uniquement les sportifs. Pour rendre ce raisonnement le plus simple possible, prenons une conversation anodine et courante entre deux voisins qui se rencontrent le matin.

« Il fait beau aujourd'hui, quelle chance ! »
s'exclame l'un d'eux.

– « Oui, mais j'espère que cela va durer »
lui répond l'autre.

Le premier interlocuteur vit pleinement dans le moment présent. Il s'intéresse à ce qui se passe au moment où cela se passe, en l'occurrence le temps ensoleillé se déroulant au moment où il s'exprime. Il l'apprécie donc pleinement. Le second dénie en quelque sorte ce présent en se concentrant d'emblée sur ce qui pourrait se passer dans les jours suivants : le mauvais temps possible. Cela l'empêche de profiter pleinement du moment présent et du beau temps. Certains d'entre vous auront peut-être compris que ce second interlocuteur est porteur d'attentes négatives se traduisant par son espoir de voir ce temps ensoleillé – dont il ne sait profiter – perdurer au cours des jours suivants. Il y a de fortes chances que le bien-être du premier interlocuteur se renforce plus au cours de cette journée que celui de son voisin qui restera quant à lui dans l'attente de quelque chose d'hypothétique sur lequel il n'a pas de contrôle. Vous voyez ainsi que ces outils fondamentaux à la performance et au bien-être s'imbriquent, étant tous connectés.

Revenons à cette logique dans un contexte de sport.

« À quel moment vis-tu quand tu joues en compétition, dans le passé, dans le présent ou plutôt dans le futur ? »
Voilà une des questions
que je pose régulièrement à mes clients.

Bien souvent, ils ne savent pas. Puis ils découvrent peu à peu qu'ils ne vivent pas dans le moment présent la majorité du temps. Ils l'ignoraient.

Caractéristique commune des meilleurs athlètes et des meilleurs entraîneurs du monde comme nous l'avons vu, leur capacité à vivre dans le moment présent est bien plus importante comparée à celle des autres. De mon expérience, cette capacité est en faible partie innée car surtout apprise avec le temps *via* un travail spécifique. Ce faisant, les meilleurs n'ont nullement besoin de se forcer à vivre dans le moment présent. Ils n'y parviendraient pas. Ils réussissent à le faire parce qu'ils ont entraîné leur manière de penser – comme ils s'entraînent dans la salle de gym – jusqu'à ce qu'elle devienne naturelle pour eux. Ils ont ensuite constaté par eux-mêmes qu'ils parvenaient à courir plus vite, lancer plus loin, être plus souvent décisifs pour leurs équipes, oublier les erreurs, etc. Ils se savent donc dans la bonne direction. En conséquence, Ils décident de continuer dans celle-ci

Encore une fois, gardez en tête que vous ne pourrez éradiquer complètement ces pensées parasites de type : « Quel adversaire pourrai-je rencontrer si je gagne ce match ? » Ou encore : « Qu'est-ce qui va se passer si je ne joue pas bien ce soir ? » Mais grâce à ce travail spécifique, elles ne surgiront plus aussi souvent qu'auparavant. Et quand elles apparaîtront, les individus ayant entrepris ce travail de coaching de performance mentale auront la capacité de mieux gérer ces pensées en étant capables de ramener plus vite leur attention sur le moment présent. Pour vous aider à **entraîner** progressivement cette capacité, réfléchissez à la fiche pratique suivante en étant le plus objectif et le plus honnête avec vous-même.

Fiche pratique 13

À quel moment vivez-vous ?

Vivre dans le présent est un élément-clé de votre performance et de votre bien-être en général. La majorité des individus qui réussissent à maximiser ces deux objectifs sont ceux qui ont la capacité de vivre dans le présent en se concentrant sur ce qui se passe au moment où cela se passe. Et vous ?

1. Regardez les trois exemples de phrases ci-contre décrites dans les ronds. Inscrivez dans les rectangles la « **temporalité** » qui s'y rapporte : « Passé », « Présent ou « Futur ».

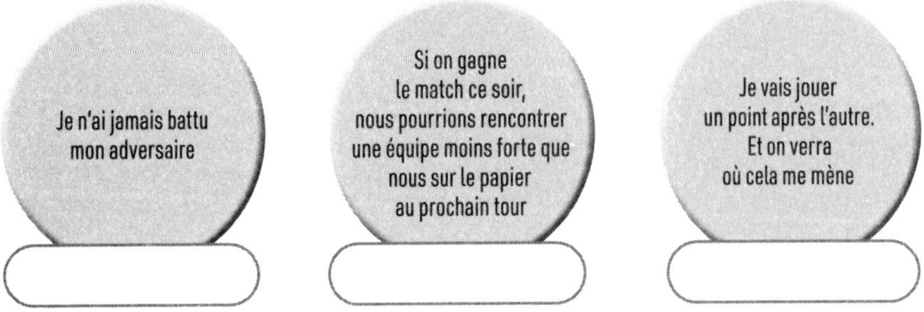

2. Pendant une semaine, et ce à la fin de chaque journée, prenez dix minutes pour **lister les situations et pensées** que vous avez ressenties au cours de la journée. Puis classez-les dans les trois lignes de temps suivantes : « Passé », « Présent », « Futur ». Vous trouverez des exemples.

Situations et pensées	Temporalité
☐ J'étais aujourd'hui à l'entraînement et je n'arrêtais pas de me demander qui de moi ou de l'autre défenseur de l'équipe l'entraîneur allait faire jouer lors du prochain match. J'étais inquiet	☐ FUTUR
☐	☐
☐	☐
☐	☐

Si la majorité d'entre elles est classée dans la catégorie « présent », vous êtes dans la bonne direction pour atteindre bien-être et performance optimisée. Si ce n'est pas le cas, vous devrez améliorer votre capacité à vivre dans le moment présent en vous dispersant moins dans le passé ou le futur.

3. Pour celles classées dans les catégories « passé » ou « futur », **remplacez-les** par des pensées plus « présentes » que vous voudriez adopter à partir de maintenant et ce dans les mêmes situations. Un exemple correspondant aux précédents est indiqué ici :

Situations et pensées/Quand ?	Votre nouvelle manière de penser
☐ J'étais aujourd'hui à l'entraînement et je n'arrêtais pas de me demander qui de moi ou de l'autre défenseur de l'équipe l'entraîneur allait faire jouer lors du prochain match. J'étais inquiet	☐ Le meilleur moyen pour moi de maximiser mes chances d'être choisi est de me concentrer sur l'entraînement d'aujourd'hui et de faire le mieux possible. C'est donc ce que je vais faire !
☐ FUTUR	☐
☐	☐
☐	☐

Détaillons maintenant un autre élément fondamental de votre performance optimisée s'inscrivant encore une fois dans le prolongement de ce que nous venons d'énoncer.

14. LE CONTRÔLE DE VOS PENSÉES NÉGATIVES (TCC)

La logique de la fiche pratique précédente nous amène naturellement à cette section qui devrait maintenant trouver un écho particulier chez vous. Au gré de mon développement en tant que coach de performance mentale, j'ai suivi puis obtenu un certain nombre de formations diplômantes qui me paraissaient importantes afin d'aider encore plus mes clients. Au cours de ces formations, la difficulté fut pour moi de trouver le compromis entre ne pas perdre de moi-même en étant trop influencé par le travail des autres et la nécessité de valider scientifiquement ma propre méthode.

Comme je l'expliquais dans mon premier ouvrage, après quelques mois de pratique en psychologie positive aux États-Unis, j'ai ressenti qu'il me manquait quelque chose afin d'avoir encore plus d'impact avec mes clients. Je me suis alors intéressé à la thérapie comportementale et cognitive (TCC). La TCC repose sur le postulat « qu'un comportement inadapté peut être modifié par l'apprentissage d'un nouveau comportement ainsi que la modification des pensées et des croyances erronées »[22].

Après avoir obtenu mon diplôme en TCC, j'ai beaucoup pratiqué et développé ces techniques. En effet, bon nombre de sportifs et d'individus avec lesquels je travaille sont sujets à des comportements qui pénalisent leur performance et leur bien-être. Le plus souvent, ces comportements se traduisent par des **phrases et pensées négatives** qu'ils s'adressent à eux-mêmes et qui ne reposent pas sur des bases concrètes et factuelles. Je me souviens d'un athlète français faisant partie des meilleurs du pays dans sa discipline qui se répétait régulièrement qu'il n'était pas aussi fort mentalement que les meilleurs. En pratique, sa performance stagnait depuis des mois car ce type de pensée s'était installé avec le temps. Ce faisant, il avait passé les derniers mois à se programmer pour céder puis s'abandonner mentalement à un certain niveau d'adversité. Il se sabordait.

22. Wikipédia, Issy'Psy, « Les thérapies cognitives et comportementales », 2024

Le travail réalisé avec lui eut pour but de le rendre d'abord plus conscient de ces phrases et de ces observations qu'il s'adressait régulièrement ainsi que de leur impact négatif sur sa performance. Ensuite, nous avons réalisé ce que j'appellerai dans une section prochaine le « *reality check* » par lequel nous confrontions ces mêmes phrases à la réalité de sa situation. Les faits nous rappelaient objectivement que cet athlète était parvenu à se hisser au firmament de son sport en France. Il faisait partie des dix meilleurs du pays. Il avait remporté bon nombre de compétitions importantes en faisant preuve souvent d'une grande force mentale, la même dont il doutait régulièrement. Pour le ramener à cette réalité factuelle, je lui donnai pour mission de **contredire** chacune de ses pensées négatives en écrivant les contre-arguments respectifs basés sur des **faits réels et irréfutables**. Pas sur une réalité qu'il imaginait, mais bien sur ce qui s'était passé et qui avait entraîné le résultat obtenu. Comme une compétition très serrée qu'il avait remportée un mois avant et qui avait nécessité une grande force mentale de sa part. Il se devait d'effectuer cet exercice à échéance régulière en décrivant de la manière la plus factuelle possible les arguments contradictoires correspondants à ses pensées trompeuses.

Il va de soi que cette logique s'applique aussi parfaitement aux observations négatives que vous vous adressez dans votre vie en général. Encore une fois, faites preuves de simplicité et de pragmatisme. Ramenez vos pensées aux faits. Trop intellectualiser cette démarche la rendrait alors inopérante et aurait même des effets contreproductifs, les individus percevant alors le problème comme plus important qu'il ne l'est en réalité. Essayez-vous à la fiche pratique suivante.

Fiche pratique 14

Les pensées automatiques négatives

Quelles sont les pensées et autres phrases négatives qui traversent souvent votre esprit ? Répétez-vous régulièrement « je suis un perdant », « je vais encore lâcher l'affaire », « je ne vais pas y arriver ».

Cherchez bien. Pensez aux moments où vous commencez à douter. Que vous dites-vous ?

Listez ces phrases et pensées une par une. Elles devraient apparaître progressivement si vous êtes suffisamment honnête avec vous-même. Puis **contredisez-les** par des faits réels et des preuves tangibles. Pensez aux plaidoiries dans un tribunal entre deux avocats, chacun essayant de démonter l'argument que vient de formuler son confrère, et ce par des faits. Vous trouverez un exemple ci-dessous basé sur mon expérience, il concerne un joueur professionnel de tennis que j'accompagne.

« Quand la pression monte, je lâche toujours mentalement en jouant petit bras dans les moments importants. »

« Si c'était le cas, comment aurais-je pu gagner cette saison dix-sept matchs serrés sur vingt-quatre, et ce au dernier set ? »

À vous maintenant.

Vos pensées négatives	Vos contre-arguments

Passons maintenant à une autre fiche pratique qui j'espère vous donnera quelques clés supplémentaires afin de renforcer votre performance.

15. AVEZ-VOUS UNE IDOLE ?

Dès lors que je commence à travailler avec mes clients, je m'intéresse d'abord à qui ils sont. Comme vous l'avez déjà compris, de cette étape cruciale dépend l'efficacité de la démarche de coaching. Nous parlons d'eux, de ce qui les définit le mieux, de ce qu'ils veulent vraiment. Et très souvent de ce qu'ils n'ont jamais dit à qui que ce soit. Souvent nous parlons des personnes de leur entourage, celles qui sont les plus importantes à leurs yeux. Parfois ces mêmes personnes me contactent pour que je les aide à aider mes clients ou suivent mon actualité et travaux.

Dans mes discussions avec mes athlètes, j'aborde quelquefois la notion d'**idole**, ou la personne qu'ils respectent le plus, la personne qui les a ou qui les fait rêver, quelqu'un issu de leur sport ou de la vie en général à qui ils aimeraient ressembler, quelqu'un qu'ils écouteraient plus volontiers. Vous aurez déjà compris que la clé de la performance de haut niveau est d'être sa propre idole. Elle est d'avoir assez de confiance en soi pour se respecter profondément afin de suivre son propre chemin et de ne pas uniquement faire ce que les autres font. Copier les autres – comme j'ai pu en être victime moi-même à la suite d'interviews que j'ai pu donner ou à la parution de mes travaux – n'apportera que déception et frustration à leurs auteurs et freinera leur propre développement. Mais s'inspirer d'une référence tout en restant soi-même contribuera à se rapprocher de la performance optimisée.

Je me souviens avoir rencontré personnellement l'une de mes références, l'ex-joueur de tennis Roger Federer, c'était à l'hôtel Kämp d'Helsinki en 2015. Il s'était rendu en Finlande afin d'y jouer un match d'exhibition. J'y avais été invité et l'ai rencontré dans le lobby de l'hôtel, où j'eus la chance de m'entretenir avec lui. Quelques semaines après cette rencontre inspirante, je m'étais surpris à me demander ce qu'il me conseillerait dans certaines décisions que je devais prendre. Je me suis alors rendu compte que j'étais particulièrement réceptif à la réponse que j'imaginais que Roger me donnerait, non pas parce qu'il était un des meilleurs joueurs de tennis de tous les temps, mais bien parce que je lui reconnaissais un certain nombre de qualités et de valeurs partagées que ma petite voix intérieure me conseillait de suivre. Je lui faisais confiance. Et cela valait tout l'or du monde.

J'espère que la fiche pratique suivante vous mettra sur le même chemin, celui de devenir sa propre idole tout en se laissant inspirer par ceux ou celles que nous respectons au plus profondément de nous-mêmes.

Fiche pratique 15

Quelle est votre idole ?

Est-ce que vous avez une idole ou une personne que vous respectez, aimez, valorisez pour ce qu'elle est et ce qu'elle fait ?

Choisissez un ou plusieurs problèmes que vous rencontrez actuellement, et plus spécifiquement, une ou des questions que vous vous posez et pour lesquelles vous n'avez pas encore de réponses. Imaginez ensuite une discussion avec votre idole. Imaginez le lieu, l'heure, les circonstances. Puis notez vos réflexions.

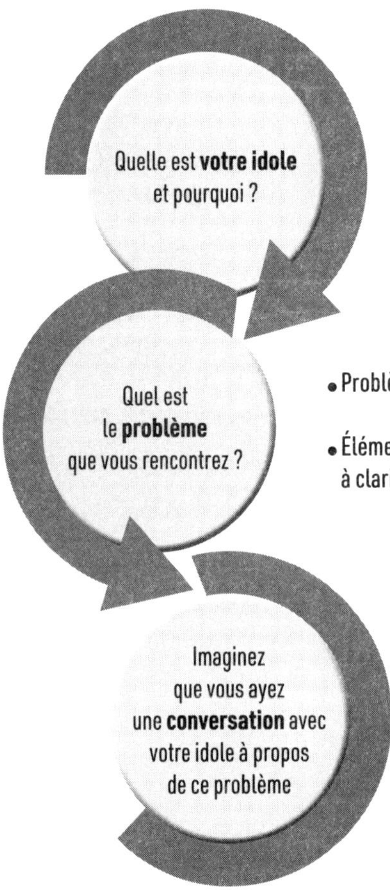

- Idole :
- Pourquoi ? :

- Problème :
- Élément principal à clarifier :

- À votre avis, que vous conseillerait-il/elle :

16. NE VOUS COMPAREZ PAS AUX AUTRES

Pour des raisons que j'évoquais dans mon précédent livre, je me suis trouvé à une certaine époque de ma vie dans la situation de devoir submerger mon esprit afin d'accroître ma capacité de résistance face à l'adversité. Un moyen que j'ai trouvé à l'époque a été d'étudier, encore et encore, en passant une formation diplômante après l'autre, et ce pendant presque quatre ans : certification en coaching d'entreprises, maîtrise en management des Ressources humaines, certifications en coaching de performance mentale, en programmation neurolinguistique (NPL), en psychologie positive, *Mentoring*, *Cognitive Behavioral Therapy* (CBT) et j'en passe. Je me souviens avoir même suivi un cours en ligne intitulé *« Science of Happiness »* (Berkley University)[23] développé par l'université de Berkeley, aux États-Unis. Je dois dire que cette formation a joué un rôle important dans mon développement. L'idée de celui-ci est que le bonheur est accessible à tous et à toutes, à condition que l'on porte un regard différent sur la vie.

Je ne compte plus le nombre de mes clients dans le sport de haut niveau, en entreprises ou dans la vie en général, qui font régulièrement référence aux autres dans leur pratique. Ils se comparent à eux sans cesse. Dans le sport, comme je le disais précédemment, l'exemple le plus criant est le quasi-réflexe que certains athlètes ont de comparer leurs statistiques à celles d'autres joueurs évoluant dans la même discipline et qu'ils considèrent comme des menaces potentielles. Ces mêmes athlètes me parlent du retard qu'ils pensent avoir sur ces autres compétiteurs en matière de développement de carrière, salaires, etc. Certains se prêtent à des analyses statistiques fines *via* des sites spécialisés, ce système étant bien sûr organisé par les acteurs des sports concernés eux-mêmes. Se comparant aux autres, ces joueurs **perdent un temps inouï** dans leur propre développement.

Comme je le répète chaque semaine, se juger par rapport aux autres est contreproductif. Premièrement parce que nous sommes tous et toutes différent(e)s, tout comme nos parcours de vie qui nous façonnent. Se comparer aux autres répond de mon point de vue à l'absurdité de la situation suivante : vérifier qui est en tête d'une course d'orientation peu après le départ entre deux coureurs qui auraient choisi un chemin différent.

---

23. Greater course science center, « *The science of happiness course* ».

Deuxièmement, juger votre propre performance par rapport à celle des autres vous distancera de l'élément le plus important de votre développement : **votre processus**. Ce dernier se définit simplement comme « l'ensemble des étapes permettant d'aboutir à un certain résultat »[24]. Il sera bien plus aidant pour vous de vous concentrer sur les différentes étapes vous rapprochant de vos objectifs plutôt que de perdre votre temps à juger votre situation par rapport à celle d'autres compétiteurs à un moment donné.

Troisièmement, se comparer aux autres vous éloignera de ce que vous pouvez faire de mieux pour maximiser votre performance : **vous concentrer sur ce sur quoi vous pouvez influer**. Souvenez-vous de la question posée auparavant sur le niveau de contrôle que vous pensez avoir sur les statistiques de vos adversaires. Vous n'en avez presque aucun. En conséquence, vous juger par rapport aux autres à un instant T vous éloignera de votre performance maximale.

Pour vous aider à ne pas vous comparer, vous trouverez ci-dessous une fiche pratique qui j'espère vous aidera à entraîner cette nouvelle mentalité.

Fiche pratique 16

Ne vous comparez pas aux autres

Cette fiche pratique se limitera cette fois à une seule étape : celle de la **prise de conscience**.

Dans quelle(s) situation(s) vous comparez-vous aux autres ? Décrivez celles qui se déroulent le plus souvent. Soyez le plus honnête possible avec vous-même car se comparer aux autres se passe souvent dans une multitude de situations courtes sans que nous ne nous en rendions forcément compte.

Afin de rendre cette fiche pratique la plus bénéfique pour vous, écrivez ces situations peu après qu'elles se sont déroulées. Vous pouvez par exemple prendre quelques minutes pour les écrire sur un bloc-notes. Le simple fait de vous rendre compte des situations dans lesquelles vous vous comparez aux autres ainsi que de leur fréquence (ex : combien de

24. L'internaute, Dictionnaire français, « *Process* ».

fois cela se passe par semaine) vous aidera à limiter puis contrôler ces comportements.

Gardez en tête encore une fois que vous ne pourrez pas les arrêter complètement. Vous évoluez dans un environnement où la comparaison est prédominante car très relayée par les entraîneurs, managers et individus en général dans un monde se voulant de plus en plus compétitif. Il vous sera impossible de ne plus vous comparer. Votre objectif est donc juste de **réduire régulièrement** le nombre de ces comportements. Ceci constituera déjà un grand pas pour vous, votre bien-être et donc votre performance optimisée.

17. EMMENEZ AVEC VOUS UN OU DEUX MOTS-CLÉS

Pour commencer cette section, je vous propose un petit exercice quelque peu différent de ceux présentés jusqu'alors. Amusez-vous à lire quelques interviews de joueurs ou entraîneurs s'exprimant directement ou indirectement sur le sujet de l'impact de l'aspect mental sur leur performance. Vous allez rapidement vous apercevoir qu'une majorité d'entre eux évoquera plutôt rapidement le lien entre **pensée simple** et performance. Je travaille moi-même dans différents sports individuels et collectifs nécessitant des compétences et des aptitudes physiques variées allant de la vitesse d'exécution, à l'explosivité, à l'endurance, etc. En parallèle de cette variété, les choses sont relativement plus simples sur le plan mental. Il nous faut penser le plus simplement possible pour performer. J'ai voulu et construit ce livre sur ce postulat.

Je travaille beaucoup dans le sport collectif le plus rapide du monde, le hockey sur glace. Dans ce sport, les joueurs n'ont que quelques fractions de seconde pour prendre leurs décisions, et ils en ont à prendre des dizaines par match. Dans le hockey sur glace, mais également dans d'autres sports collectifs et individuels, la prise de décision est essentielle, et le temps souvent limité pour le faire. Pourquoi ? Une des raisons principales est que la vitesse de réflexion, de réaction et de décision est contrainte par des éléments extérieurs sur lesquels les athlètes n'ont que très peu de contrôle. Vos adversaires veulent en effet vous battre. Ils vous priveront de ce temps nécessaire. Ils utiliseront ce temps contre vous.

Penser simplement est ici la meilleure des réponses, car elle est plus rapide. Elle ira au plus court, à l'essentiel, en laissant de côté le superflu et l'inutile. Cette simplicité est un choix que vous pouvez faire et qui ne dépend pas des autres, mais juste de vous. Vos adversaires chercheront à vous mettre en difficulté, mais cela ne signifie pas qu'ils peuvent contrôler la manière dont vous réagissez à leurs tentatives. Vous avez la liberté de penser simple. Ce choix vous appartient. Personne ne pourra vous le prendre.

La fiche pratique suivante a permis à beaucoup de mes clients de progresser sur cette question de la simplicité de penser. Laissez-moi la partager avec vous ici.

Fiche pratique 17

Emmenez avec vous un ou deux mots-clés

Comme nous venons de le voir, votre performance est faite de simplicité. Si vous vous posez trop de questions quand vous performez, jouez, entraînez, agissez, votre performance ne sera pas maximale. Réfléchissez à la fiche pratique suivante. Des exemples sont indiqués en dessous de celle-ci.

1. **Pensez à six mots-clés qui pourraient vous aider à penser simple.** Listez-les. Ils peuvent appartenir à votre socle de valeurs déterminé dans une fiche précédente, à votre expérience personnelle, ou même correspondre à des mots que vous n'avez jamais utilisés. Ces mots doivent vous permettre de vous concentrer plus facilement en vous rattachant à ce qui est essentiel pour maximiser votre performance.

2. Une fois ces six mots sélectionnés, **choisissez-en trois** en fonction de l'aide qu'ils vous apportent. En d'autres termes, quels sont les trois mots-clés qui vous aideront le plus ?

3. Une fois déterminés, déclinez ces trois mots **en actions concrètes**. Qu'est-ce qu'ils signifient en pratique ? Qu'auriez-vous besoin de faire

demain, lors de votre prochain entraînement, à votre travail ou dans votre vie pour mettre ces mots en pratique ?

4. **Emmener avec vous ces trois mots** ainsi que les actions correspondantes lors de vos prochaines compétitions ou échéances importantes. Ils correspondent au chemin que vous devez suivre.

5. Est-ce qu'ils vous ont aidé à **penser plus simple** ? À vous concentrer de manière plus constante ? À vous reconcentrer rapidement après une erreur ? Détaillez vos réflexions.

Afin de faciliter cette fiche pratique, vous trouverez ci-dessous deux exemples de mots-clés (à gauche) qui ont pu aider certains de mes clients, ainsi que leur déclinaison en actions pratiques.

ESSAYER

- Je sais que je vais devoir être créatif à un moment ou à un autre pour maximiser nos chances de gagner
Je vais donc **essayer** de l'être quand le bon moment sera venu
- Je vais **essayer** spécialement après avoir commis une erreur

CROIRE

- Je sais que je suis prêt donc je vais **croire** en moi
- Je sais que la compétition peut ne pas se dérouler comme je le souhaite. Je vais **croire** en ma capacité à m'adapter rapidement en toutes circonstances

18. COMMANDER UNE PIZZA – LE BON DÉPART

Vous devez maintenant vous demander si je n'ai pas inclus par erreur le titre de cette section. Quel étrange intitulé en effet pour un livre relatif aux outils de la performance mentale. Et bien je l'assume. Être différent est un gage d'authenticité. Je fais souvent référence dans mes séances de coaching à des comparaisons ou analogies plutôt inattendues car je sais que si on se réfère à des choses qui parlent aux individus on a plus de chances de les aider. Je me souviens d'ailleurs avoir testé cette technique avec une équipe nationale avec laquelle je travaillais. Lors d'un camp de préparation pour un grand championnat international, je décidai à la dernière minute de projeter aux joueurs un extrait d'un film d'animation humoristique présentant entre les lignes certains messages-clés sur le plan mental et en particulier sur celui de la cohésion d'équipe. Je me souviens des visages surpris des joueurs avant leurs éclats de rire puis de leurs réflexions très intéressantes au cours de nos échanges. À coup sûr, ils avaient été attentifs. J'avais réussi à les toucher.

« Commander une pizza » est également une action qui nous parle et qui j'espère encore une fois rendra cet ouvrage le plus vivant possible auprès de vous. Rappelez-vous que la performance mentale est maximisée quand nous pensons simple. Alors pourquoi cette référence à la pizza ? Cette phrase m'est venue spontanément il y a quelques mois, au cours d'une séance de coaching en distanciel. Je parlais à mon client de ce que j'aime appeler la visualisation simplifiée. Définissons tout d'abord ce qu'est la visualisation. De manière simple, elle se définit comme « le fait de concentrer votre imagination sur ce que vous désirez le plus pour qu'il se produise dans la réalité »[25]. Cette technique est très utilisée par les préparateurs mentaux ou les psychologues du sport, mais bien trop souvent de manière complexe et sans véritable adhésion des athlètes. Au gré de mes discussions avec mes clients, j'ai vite compris que beaucoup s'étaient essayés à ces techniques avec un précédent préparateur mental mais que très peu avaient adhéré à la démarche. Une grande majorité d'entre eux n'avait donc pas progressé. Travaillant avec un joueur de football professionnel, je lui demandai alors ce qui lui donne confiance pour ces matchs en général.

« Un bon début de match » me répondit-il
– « Qu'est-ce que tu dois faire pour avoir la conviction profonde que tu fais un bon début de match ? » – Il réfléchit. **– « Une passe en profondeur réussie. Une bonne accélération sur le côté tout en conservant le ballon. Prendre le dessus sur mon adversaire direct sur le premier duel, des trucs comme ça ! »**
– « Dans les exemples que tu viens de me donner, qu'est-ce qui est le plus facile à faire pour toi ?

25. Psychologuesenligne.net, « Visualisation créatrice : origine, caractéristiques, principes ».

On cherche un truc dont on est à peu près sûr que tu vas pouvoir le faire au début du match. » – « La passe en profondeur réussie je pense car je sais que je vais recevoir le ballon assez vite en début de match et que mon positionnement va me donner le temps de réussir cette passe » me répondit-il d'un ton assuré. **– « Et cette passe réussie va te donner la conviction profonde que tu fais un bon début de match ? » – « Oui » – « Alors cette passe est notre pizza. Tu la commandes pour demain 20 heures. » – « Ça marche ! »** me répondit-il d'un ton surpris puis amusé.

En deux minutes de conversation, nous venions de réaliser une visualisation simplifiée. Ce joueur savait maintenant ce qu'il devait faire dès les premières secondes du match. Exécuter un geste qu'il maîtrise pour ressentir la conviction profonde qu'il réussit un bon début de match. Il avait réussi à se programmer mentalement en cent vingt secondes, et ce de manière informelle et amusante.

Le lendemain, il a réussi cette passe après vingt-cinq secondes de jeu et a été impliqué dans les deux buts qui ont permis à son équipe de gagner le match. Réfléchissez à la fiche pratique ci-dessous.

Fiche pratique 18

On commande une pizza pour demain ?

Un bon début de match, de compétition, de réunion ou de journée est essentiel pour tout un chacun. Cela renforce notre bien-être, notre confiance, et empêche les doutes de nous envahir. Comme ce joueur de football, réfléchissez aux questions suivantes :

1. Décrivez ce qui caractérise un bon début de match, de compétition ou de journée pour vous. Choisissez au moins **cinq actions**. Comme d'habitude, vous trouverez quelques exemples issus de mes travaux.

2. Parmi ces cinq actions, **choisissez-en deux** que vous pourriez exécuter au début de votre prochaine compétition ou de journée en fonction des deux critères suivants :

   a. Quelles sont les deux actions qui sont les plus faciles à faire pour vous ?

   b. Quelles sont celles qui vous donneront le plus de confiance pour la suite ?

3. Testez ces **deux actions** lors de vos prochaines échéances. Quelle est celle qui vous a procuré le plus de confiance ?

4. **Dupliquez** celle-ci en la commandant pour d'autres situations futures.

Exemples

Début de journée : Me souvenir de la phrase la plus amusante que ma fille de 6 ans m'a dite hier ; écouter une chanson que j'aime dans les transports en commun pour aller au travail

Football : Une passe précise réussie au cours des 5 premières minutes du match

Rugby : Un premier plaquage réussi avant un bon replacement défensif

19. POURQUOI NE DEVENEZ-VOUS PAS IMPRÉVISIBLE ?

Dans mon livre précédent, je dénonçais le **manque criant de diversité** dans le sport de haut niveau freinant ainsi la performance de ses athlètes, joueurs, entraîneurs et équipes. Comme je le disais, « la diversité reste un champ inexploré de la performance sportive »[26]. Je constate chaque semaine que ces individus travaillent de manière relativement identique, souvent en reproduisant les schémas que leurs pairs leur ont enseignés. S'il est évident que bon nombre de programmes d'entraînement reposent sur des bases scientifiques solides légitimant pleinement leur utilisation, il n'y a pas ou peu de place pour les ajustements nécessaires en fonction des caractéristiques psychologiques et des parcours de vie propres à tout un chacun. En d'autres termes, le sport de haut niveau laisse très peu de place à la différence et à l'authenticité. Si je devais utiliser une image d'un sport où j'interviens beaucoup aux États-Unis, je prendrais celle de la surfaceuse, qui est la machine qui aplanit la glace des patinoires entre les tiers temps des matchs de hockey sur glace pour gommer toutes imperfections.

Dans ce contexte, un des freins à la performance reste la **prévisibilité des actions et réactions** des individus. Que ce soit dans les sports collectifs ou dans les sports individuels, les encadrements techniques savent parfaitement étudier les performances et profils des adversaires grâce à l'analyse d'informations et de données évoquées précédemment. Dans beaucoup de sports de très haut niveau, des coachs assistants spécialistes de ces questions produisent des rapports très complets sur les comportements des adversaires et des équipes, ce qui constitue un véritable outil à la décision pour les entraîneurs en chef. Par exemple, j'ai côtoyé ces mêmes assistants en équipes nationales de volley-ball qui travaillaient souvent jusqu'au milieu de la nuit pour étudier les trajectoires de service des adversaires afin d'anticiper les zones où les réceptionneurs devaient se positionner. D'autres entraîneurs assistants avaient pour tâche de préparer des montages vidéo pour prévoir les schémas tactiques des équipes adverses. L'analyse de données est omniprésente. Si les fédérations et les équipes consacraient le même niveau d'investissement pour une préparation mentale innovante, le

---

26. Mérelle Frédéric, ibid, p. 58.

niveau global des équipes et des athlètes individuels sur le plan mondial serait bien plus élevé.

Cette approche analytique de l'analyse de données peut rendre *a contrario* certaines équipes et certains athlètes relativement prévisibles. Dans le sport comme dans la vie, tout ne peut être calculé ou programmé. Cette prévisibilité rend ces athlètes moins performants que leur potentiel optimisé leur aurait permis. Elle peut se résumer sous la forme du cycle simple suivant.

Le cycle de la prévisibilité

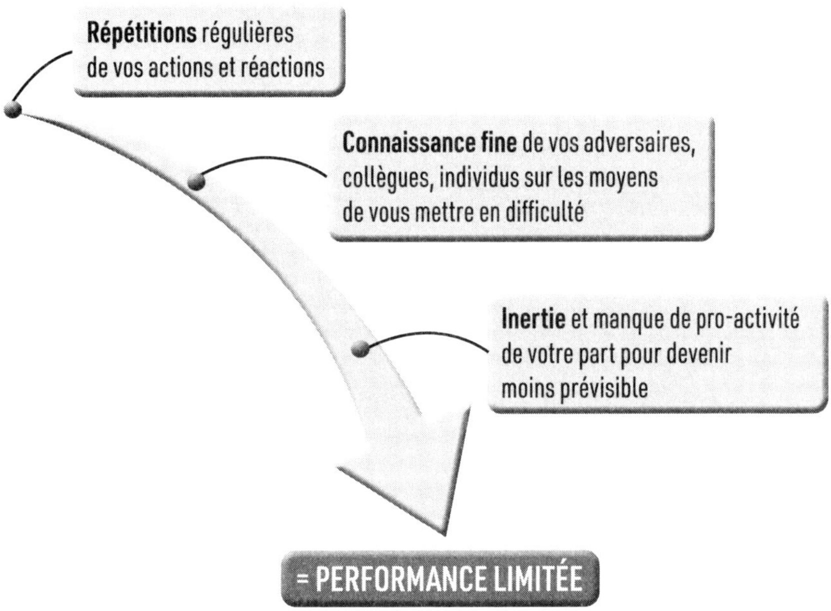

Comme vous l'avez compris, je porte la conviction profonde que tout individu doit rester lui- même pour maximiser son potentiel. D'où l'intérêt suprême de mener à bien ce travail d'introspection. Ainsi, nous connaissant mieux, nous pourrons tous et toutes utiliser dans des situations choisies certains moyens qui nous sont propres, en sublimant l'identité propre de l'équipe, de l'athlète et de l'individu afin de maximiser la performance.

De ce que j'ai pu observer pendant des années, ce travail spécifique d'identification de l'ADN des équipes et des athlètes est très souvent occulté du fait d'une certaine méconnaissance méthodologique sur le sujet. Quand bien même certains s'essaient à cet exercice, le résultat est souvent très insuffisant car ces individus – souvent les membres du staff technique des équipes – utilisent des outils standardisés qui ont un faible impact sur la performance globale. En effet, ce type d'analyse appartient de mon point de vue à la **zone grise**. Elle nécessite une méthode individualisée qui seule apportera un réel impact. En travaillant avec certains des meilleurs athlètes et des équipes au monde, j'ai pu constater que ce travail individualisé permettait de faire gagner ces équipes et ces athlètes plus souvent car ils devenaient alors moins prévisibles pour leurs adversaires, et ce spécialement dans les moments importants. En conséquence, les équipes remplacent souvent une défaite serrée par une victoire claire.

La fiche suivante vous permettra d'explorer ce champ et ainsi devenir moins prévisible. Elle vous permettra également de revisiter d'autres fiches pratiques partagées précédemment et qui sont connectées à ce sujet.

Fiche pratique 19

Souhaitez-vous donner à vos adversaires ce qu'ils veulent ?

Vos adversaires souhaitent votre défaite. Ils veulent vous voir agir d'une manière qui va précipiter celle-ci afin qu'ils remportent la victoire. Avez-vous déjà pensé à ce que vos adversaires – ou même tout individu souhaitant agir négativement à votre égard – espèrent que vous fassiez lors du prochain match, de la prochaine réunion ou d'autres prochains événements de la vie de tous les jours ? Espèrent-ils que vous perdiez votre confiance et votre calme ? Allez-vous leur donner ce qu'ils souhaitent ?

Pour vous aider, réfléchissez à l'exercice suivant qui se décompose en cinq étapes et questions :

1. Selon vous, sur une échelle de 0 à 10, **à quel point êtes-vous globalement prévisible** pour vos adversaires et pour des individus en général ? (10 = vous pensez que ces individus ne peuvent pas savoir ce que vous allez faire et comment vous allez réagir ; 0 = vous pensez qu'ils savent parfaitement ce que vous allez faire et comment vous allez agir). **Note :** ....

↓

2. Comment **vous voient** ces mêmes individus ? Quelles réactions pensent-ils que vous allez avoir au début du match, de la réunion, de

la journée, et spécialement dès lors que vous vous sentirez quelque peu en difficulté ?

3. Pour chaque situation listée précédemment, décrivez **la réaction inverse** que vous souhaitez adopter la prochaine fois. Par exemple, si vos adversaires savent de vous que vous avez une propension à vous énerver dès lors que les choses ne vont pas dans votre sens, quelle réaction inverse vous engagez-vous à adopter ?

4. Dans quelle(s) mesure(s) pensez-vous que **cet effet de surprise** peut vous aider (ex : quelle réaction aurait votre adversaire s'il observait que vous parvenez à rester calme malgré une baisse de niveau de votre part, etc) ?

5. **Récapituler puis testez en pratique** les nouveaux comportements découverts lors de cet exercice afin de devenir moins prévisible et donc plus performant.

20. ÊTES-VOUS CAPABLE D'ÊTRE PLEINEMENT CONSCIENT ?

« J'ai déjà essayé, ce n'est vraiment pas pour moi. »

Voici en substance ce qu'un pourcentage significatif des athlètes avec lesquels je travaille m'a révélé au sujet des exercices de pleine conscience. Définissons tout d'abord ce qu'est la « pleine conscience ». Elle se définit comme « une attitude d'attention, de présence et de conscience vigilante, qui peut être interne (sensations, pensées, émotions, actions, motivations, etc.) ou externe (au monde environnant, bruits, objets, événements) »[27]. En d'autres termes, les exercices dits de pleine conscience vous entraînent à rester dans le moment présent en concentrant votre attention sur celui-ci. Ils vous permettent ainsi

27. Wikipédia, « Pleine conscience ».

d'améliorer votre concentration pendant un match, de réduire votre anxiété, de rebondir plus rapidement après une erreur, de prendre plus de plaisir dans la vie, etc.

Beaucoup de techniques de pleine conscience sont utilisées et la plupart d'entre elles sont inspirées de mécanismes de respiration – inspiration/expiration – en guidant vos pensées sur le moment présent. Toutes pensées d'événements passés ou futurs doivent rester en dehors de votre esprit. Vous embrassez la situation dans laquelle vous vous trouvez et restez uniquement attentif à la quiétude du moment présent.

En débutant ma carrière de coach de performance mentale, j'étais moi-même quelque peu sceptique sur ce type d'exercices jusqu'à ce qu'un ami français, sophrologue certifié, me les fasse découvrir en distanciel. J'avais décidé de sortir de ma zone de confort et de m'y essayer. Et je dois dire que je ne le regrette pas. Les résultats ont été spectaculaires. En réalisant deux séances de cinq minutes chaque jour, j'ai constaté des effets positifs sur mon bien-être à partir de la troisième semaine. J'y ai gagné un net surcroît d'énergie physique et mentale. Je me suis surpris à avoir plus d'impact dans mes séances de coaching. J'étais même devenu capable d'éviter des maux de tête – que nous sentons tous poindre certains jours – en faisant préventivement une seule séance de cinq minutes, et ce avant que ces maux ne surviennent. Mais l'expérience la plus surprenante pour moi restait à venir : quand je tardais à faire ma seconde séance journalière du fait d'un emploi du temps trop chargé par exemple, apparaissaient alors chez moi des symptômes physiques tels qu'une accélération légère de mon rythme cardiaque ou encore un sentiment d'essoufflement sans raison particulière. Comme une sensation de soif que votre corps vous adresse afin que vous l'étanchiez. Pour quelqu'un comme moi quelque peu réfractaire sur ces questions de pleine conscience, la surprise a été totale et m'a conforté dans l'idée que chercher plus loin sur soi-même sera toujours un pari gagnant. Au-delà de ces résultats positifs que j'ai constatés sur mon propre bien-être et donc sur ma performance globale, laissez-moi partager avec vous mon expérience du processus qui m'a amené à changer de point de vue sur cette question et qui pourrait aussi vous aider à changer le vôtre.

Je ne vous conseillerai trop de vous approprier ces exercices. Ne les suivez pas nécessairement à la lettre s'ils ne vous aident pas dans leur forme initiale. Conservez ces caractéristiques essentielles telles que le mécanisme inspiration/expiration ou encore l'objectif de vider vos pensées en vous immergeant du moment présent. Mais réalisez-les si besoin sur une durée qui vous convient (entre trois et cinq minutes), à une fréquence régulière (au moins deux fois par jour), si besoin à des horaires différents si vous ne pouvez pas faire autrement et ce dans un lieu pouvant changer (depuis différents endroits où vous vous trouverez par exemple). En effet, cette flexibilité est nécessaire, car si les individus en général les utilisent de manière trop figée (depuis le même endroit et aux mêmes heures par exemple), ils les abandonneront après quelques jours du fait de leur planning d'entraînement, de déplacements, etc.

Je pratique maintenant ces exercices en distanciel et en présentiel avec certains de mes clients, en les guidant sur ce chemin. Les résultats qu'ils constatent sont eux aussi très positifs. Nous gardons ces exercices aussi simples et informels que possible, et c'est bien ce qui fait la différence.

J'ai aussi constaté qu'un certain nombre d'athlètes ou d'individus ont parfois le réflexe de réaliser ces exercices comme des devoirs qu'ils doivent rendre ou faire. Cette approche condamnera d'emblée les bienfaits de la démarche en les tuant dans l'œuf. Cette mentalité est et restera incompatible avec l'objectif de la démarche de pleine conscience. Mais si vous réalisez ces exercices avec régularité et les gardez simples donc réalisables, vous devriez constater une différence significative sur votre bien-être et votre performance en quelques semaines. Faites donc vivre ces exercices en fonction de ce que vous ressentez. Utilisez encore une fois votre courage de vous faire assez confiance pour savoir adapter les caractéristiques de ces exercices. La **variable d'ajustement** que j'évoquais auparavant vous sera encore très utile ici. Rappelez-vous que vous êtes le professionnel de vous-même. Vous savez ce dont vous avez besoin. Alors transformez l'essai en vous essayant à la fiche pratique ci-dessous.

Fiche pratique 20

Soyez pleinement conscient

Comme nous l'avons vu dans la fiche pratique relative à votre ligne de temps, avoir la capacité de vivre dans le moment présent améliorera votre performance du fait d'une concentration optimale.

Je souhaiterais que vous vous essayiez à l'exercice suivant sur une période minimum de quatre semaines.

1. Lisez le texte ci-dessous à voix haute en vous **enregistrant** soit avec un dictaphone soit simplement avec votre téléphone. Lisez-le lentement, à un rythme dont vous pensez qu'il pourrait vous aider à vous détendre, si vous l'écoutiez.

Asseyez-vous confortablement.

Placez vos mains sur vos genoux.

Gardez le dos bien droit.

Sentez le poids de votre corps sur la chaise, le canapé ou le sofa.

Vous sentez que vos pieds touchent le sol.

Fermez les yeux.

Respirez profondément plusieurs fois de suite.

Quand vous respirez, relaxez et étirez vos épaules.

Détendez les muscles de votre visage.

Détendez toutes les tensions de votre corps.

Inspirez doucement.

Expirez doucement.

Concentrez-vous sur votre respiration.

Concentrez-vous sur vos sensations.

Vous vous sentez relâché.

Maintenant respirez normalement.

Concentrez votre attention sur les petits bruits autour de vous,

par exemple, le « tic » du bruit de l'horloge,

le bruit des voitures passant dans la rue.

Respirez quand vous en ressentez le besoin.

Si besoin, ne respirez pas pendant quelques secondes.

Choisissez le moment de respirer ou pas, si cela vous aide à vous sentir plus relâché.

Si vous commencez à penser à autre chose, recentrez-vous sur les petits bruits du moment.

Laissez votre esprit se concentrer sur les petits bruits du moment.

Continuer trois minutes supplémentaires.

Maintenant reconcentrer-vous sur la sensation du poids de votre corps sur la chaise, le canapé ou le sofa.

Respirez doucement.

Ouvrez les yeux.

2. Réservez et prenez cinq minutes de votre temps, une fois le matin et une autre fois l'après-midi. Rendez-vous dans l'endroit le plus calme de l'environnement où vous vous trouverez comme la salle de bains, une petite pièce de réunion, etc. Ces endroits ne doivent pas être nécessairement silencieux, juste un peu moins bruyants que les autres. Puis **écoutez l'enregistrement** avec ou sans vos écouteurs et suivez les instructions que vous vous donnez à vous-même

3. À l'issue de chaque journée et pendant un premier cycle de quatre semaines, notez sur un bloc-notes les **sensations et émotions que vous avez ressenties** au cours de ces deux exercices journaliers. Avez-vous noté une différence entre le premier et le vingt-huitième jour ? Rappelez-vous que vous n'êtes pas dans une course contre la montre. L'important est de commencer à traverser le pont.

21. MONTREZ DE LA GRATITUDE

Nous arrivons à un puissant catalyseur de la performance : la **gratitude**. En faire preuve envers votre prochain concernant votre situation personnelle et familiale, les choses que vous possédez, les objectifs que vous avez atteints, etc., contribuera à renforcer votre bien-être et votre bonheur ressentis dans la vie. Comme pour votre entraînement physique, votre capacité à être reconnaissant doit être entraînée et développée par une pratique régulière.

Exercer cette gratitude va également vous permettre de lier plusieurs outils et fiches pratiques partagés dans cet ouvrage. Par exemple, vous trouverez plus aisé d'utiliser plus souvent vos points forts car vous vous sentirez plus reconnaissant de les posséder. Vous gagnerez la capacité de mettre les choses en perspective en remplaçant plus facilement une performance que vous jugerez moyenne par l'opportunité qu'elle a créée pour votre développement. Vous vivrez également plus souvent dans le moment présent car vous saurez apprécier plus aisément ce que vous possédez à l'instant T.

Mais comme nous l'avons vu précédemment, forcer cette gratitude vous privera de ses bienfaits. Car celle-ci doit être authentique et sincère. Elle ne peut être feinte. La quasi-totalité des athlètes et des entraîneurs avec lesquels je travaille vivent de leur sport. C'est-à-dire qu'ils ont atteint un niveau de performance qui leur a permis de transformer leur passion en un moyen de subvenir à leurs besoins ainsi qu'à ceux de leurs proches. Beaucoup d'entre eux, toujours en action, ont préféré oublier cette chance. Ils ont également oublié en chemin cette formidable opportunité de transformer leur passion en vecteur de leur propre bien-être. Ils se doivent de réapprendre ce **réflexe de reconnaissance.**

Inspiré des techniques de psychologie positive, la fiche pratique suivante vous permettra d'influer sur la manière dont fonctionne votre cerveau. Il développera une mentalité plus aidante pour vous. J'ai adapté cette fiche basée sur mon expérience avec mes clients et les résultats qu'ils ont obtenus.

Fiche pratique 21

Montrez de la gratitude

Êtes-vous suffisamment reconnaissant pour les bonnes choses que vous avez ou avez-vous tendance à les prendre pour argent comptant ? À quelle fréquence ressentez-vous profondément la chance de vivre de votre sport ou celle d'être entouré de vos amie(s) et proches ? Cette phase de prise de conscience posera les fondations de votre bien-être et, *in fine*, de votre performance.

Pour ce faire, réfléchissez aux quatre questions suivantes :

1. Pendant un minimum de deux semaines et du lundi au samedi, décrivez ces petites situations journalières pour lesquelles **vous devriez montrer de la gratitude** et que vous avez tendance à ignorer. Vous pouvez bien évidemment en inscrire plus qu'une par jour. Vous trouverez des exemples tirés de mon expérience avec mes clients afin de vous aider à comprendre la démarche.

Lundi : Quelles sont les choses qui se sont passées aujourd'hui et pour lesquelles j'aurais dû me montrer reconnaissant ? Je décris l'événement et la manière dont j'ai réagi en pratique

Événement	Ma réaction
Événement : Je suis arrivé au stade et mes coéquipiers étaient visiblement heureux de me voir. Il y avait une bonne ambiance dans le vestiaire	Ma réaction : Je n'ai pas réagi plus que cela, c'est la routine. Personnellement, je ne montre pas aux autres mes sentiments

Mardi : Quelles sont les choses qui se sont passées aujourd'hui et pour lesquelles j'aurais dû me montrer reconnaissant ? Je décris l'événement et la manière dont j'ai réagi en pratique

Événement	Ma réaction
Événement : Un jeune fan m'a demandé une photo à la fin de l'entraînement, je pouvais lire dans ses yeux son admiration pour moi	Ma réaction : Rien de spécial, cela arrive tout le temps, je fais les photos mécaniquement

Mercredi : Quelles sont les choses qui se sont passées aujourd'hui et pour lesquelles j'aurais dû me montrer reconnaissant ? Je décris l'événement et la manière dont j'ai réagi en pratique

Événement	Ma réaction
Événement : Mon père m'a envoyé un message ce matin pour me souhaiter une bonne journée	Ma réaction : Je n'ai pas répondu au message car il le fait assez souvent de toute façon

Jeudi : Quelles sont les choses qui se sont passées aujourd'hui et pour lesquelles j'aurais dû me montrer reconnaissant ? Je décris l'événement et la manière dont j'ai réagi en pratique

Événement	Ma réaction
Événement : ...	Ma réaction : ...

Vendredi : Quelles sont les choses qui se sont passées aujourd'hui et pour lesquelles j'aurais dû me montrer reconnaissant ? Je décris l'événement et la manière dont j'ai réagi en pratique

Événement	Ma réaction
Événement : ...	Ma réaction : ...

Samedi : Quelles sont les choses qui se sont passées aujourd'hui et pour lesquelles j'aurais dû me montrer reconnaissant ? Je décris l'événement et la manière dont j'ai réagi en pratique

Événement	Ma réaction
Événement : ...	Ma réaction : ...

2. **Relisez vos notes** le dimanche.

3. Pour chacune des situations que vous avez décrites, **détaillez les raisons** pour lesquelles vous devriez montrer de la gratitude et **prenez l'engagement** de le faire quand vous vous retrouverez dans une situation similaire dans le futur. Voici quelques exemples qui répondent aux précédentes situations.

Lundi : Quelles sont les raisons pour lesquelles je devrais montrer de la gratitude dans ces situations et quel est l'engagement que je vais prendre à partir de maintenant ?

Raison : Il y a quelquefois des tensions au sein des équipes et entre les joueurs donc j'ai de la chance que mes coéquipiers m'apprécient et que l'ambiance soit bonne	**Mon engagement :** Je vais leur montrer un peu plus que je les apprécie et je vais aussi contribuer à ce que l'ambiance soit bonne

Mardi : Quelles sont les raisons pour lesquelles je devrais montrer de la gratitude dans ces situations et quel est l'engagement que je vais prendre à partir de maintenant ?

Raison : Si je n'avais pas cette notoriété comme la plupart des gens dans la vie, je ne vivrais pas ces moments gratifiants	**Mon engagement :** Je vais prendre le temps de passer 30 secondes de plus avec ce jeune fan et apprécier plus ce type de moment

Mercredi : Quelles sont les raisons pour lesquelles je devrais montrer de la gratitude dans ces situations et quel est l'engagement que je vais prendre à partir de maintenant ?

Raison : Mon père me donne de son temps et me témoigne sa fierté	**Ma réaction :** Je vais lui répondre un peu plus souvent en lui souhaitant une bonne journée à mon tour

Jeudi : Quelles sont les raisons pour lesquelles je devrais montrer de la gratitude dans ces situations et quel est l'engagement que je vais prendre à partir de maintenant ?

Raison : ...	**Ma réaction :** ...

Vendredi : Quelles sont les raisons pour lesquelles je devrais montrer de la gratitude dans ces situations et quel est l'engagement que je vais prendre à partir de maintenant ?

Raison : ...	**Ma réaction :** ...

Samedi : Quelles sont les raisons pour lesquelles je devrais montrer de la gratitude dans ces situations et quel est l'engagement que je vais prendre à partir de maintenant ?

Raison : ...	**Ma réaction :** ...

4. **Relisez vos notes** le dimanche. Bravo et continuez. Vous êtes en chemin pour devenir plus reconnaissant donc plus performant.

22. ENTREZ DANS LE CERCLE VERTUEUX : LE MODÈLE DE DÉCISIONS OPTIMALES « MDO »

Vous êtes maintenant en chemin pour gagner la capacité de transformer une situation difficile en une opportunité pour votre développement. Pour mémoire, il vous suffira de modifier votre réponse à cette situation en réfléchissant au moyen de la transformer en opportunité avant de mettre en pratique ce changement. Souvenez-vous des exemples de l'embouteillage ainsi que de mes trajets en avion. De petits changements simples ont créé **une grande différence**.

Je souhaiterais maintenant vous familiariser avec l'étape suivante de cette démonstration. Concrètement la capacité que vous pourriez également gagner de connecter la situation d'opportunité que vous avez créée à une ou d'autres opportunités. Ceci pour *in fine* vous inscrire dans « le cercle vertueux ». Littéralement, celui-ci se définit comme « un système logique où les conséquences bénéfiques d'un processus deviennent à leur tour des causes de ce même processus »[28].

En termes plus explicites, je fais référence ici à une bonne décision qui en entraînera d'autres dans son sillage. Rappelez-vous la section relative au contrôle sur les choses et plus particulièrement l'exemple du boxeur consultant excessivement les réseaux sociaux. Vous vous souviendrez peut-être qu'il avait pris deux décisions afin de modifier son comportement. L'une de ces deux décisions fut de ne plus porter l'attente d'être aimé par tous et de la remplacer par le besoin de s'apprécier plus lui-même. En effet, le problème sous-jacent à cette

---

28. Wikipédia, « Le cercle vertueux ».

consultation excessive des réseaux sociaux était bien sa trop faible estime de lui-même. En apprenant à s'accepter comme il est, il ne ressentit plus le besoin de vérifier l'opinion des autres à son égard *via* les réseaux sociaux. Non seulement, il passa moins de temps sur les réseaux mais il sublima cette décision en décidant d'en prendre une autre : passer plus de temps avec son épouse et son fils grâce au temps gagné. Il allait alors se rapprocher d'eux et exprimer des choses qu'il ne leur avait jamais dites auparavant. Ce choix allait alors le responsabiliser un peu plus en tant que père et mari puis lui permettre d'écarter certaines attentes négatives liées à son sport en réalisant que sa famille dépassait largement le cadre de celui-ci. Sa performance s'en trouva renforcée. Il commença à boxer plus librement parce qu'il acceptait le plaisir que ce sport lui procurait, et ce bien au-delà de la victoire ou de la défaite. J'ai souhaité formaliser cette démarche sous mon propre **modèle « MDO »** : le modèle de décisions optimales.

Le modèle de décisions optimales (MDO)

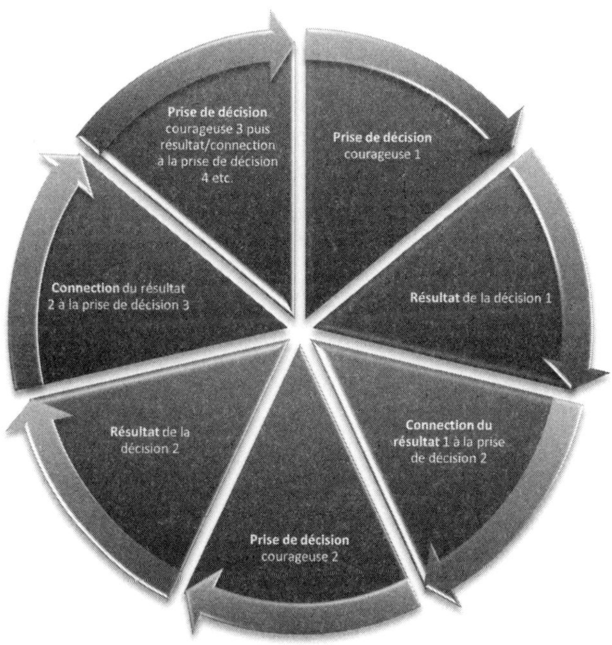

Au cours des mois qui ont suivi, ce boxeur remporta ses meilleurs combats. Il s'était inscrit de manière proactive dans le modèle MDO. Le bénéfice de ses dernières décisions ayant entraîné les suivantes.

À l'issue de ce chemin, il aura donc réussi à mettre son sport en perspective tout en gagnant en efficacité, dans son sport et dans sa vie. Il a réussi ce tour de force grâce à une chaîne de décisions qu'il a décidé d'assembler une par une avec courage et proactivité et ce en dehors de sa zone de confort. Il avait assemblé les pièces du puzzle et était d'ores et déjà déterminé à en commencer un autre.

Je me souviens également de cet athlète de haut niveau dont la performance était freinée depuis des années par sa **peur d'échouer**. Cette peur trouvait sa source, entre autres, dans un sentiment chronique d'insécurité financière et la crainte de ne pas être en mesure de subvenir aux besoins de sa famille. Il cherchait donc à forcer ses bonnes performances, vérifiant régulièrement ses statistiques individuelles et celles de ses adversaires, ce que l'on pensait de lui, tout ceci dans la peur de ne pas voir son contrat renouvelé avec son équipe. Nous avons travaillé ensemble à le faire entrer dans le modèle MDO. Nous cherchions l'étincelle. Il nous fallait juste une première bonne décision, car nous savions qu'elle allait en appeler d'autres. Comme dans beaucoup de situations, nous avons commencé par un travail de reconnaissance de ses points forts afin qu'il les utilise plus souvent. Après quelques semaines, il en devint capable. Il comprit alors que s'il n'avait qu'un contrôle limité sur la reconduction de son contrat, il avait un contrôle total sur l'utilisation de ses forces, partie intégrante de l'équation relative à sa reconduction de contrat. Cela le rassura. Il savait qu'il était capable d'influer même indirectement sur sa peur d'échouer. L'évaluation intermédiaire qu'il mena de ce nouveau comportement était d'ores et déjà positive, son jeu s'améliora, il joua plus librement. Nous avons alors pris le parti de connecter cette décision à une autre : la réalisation d'un investissement immobilier qui lui permettrait de sécuriser l'avenir des siens et de s'éloigner ainsi encore plus de ce sentiment d'insécurité financière latent. Il décida donc d'acheter un appartement. Progressivement et après plusieurs mois, ce sentiment d'insécurité s'estompa. Il savait que quoi qu'il se passerait dans son sport, il aurait la capacité financière suffisante pour mettre à l'abri les siens dans la vraie vie. Cela le libéra un peu plus des chaînes qui emprisonnaient son bien-être et donc sa performance optimisée.

Je vous propose ci-dessous un troisième exemple – puis la fiche pratique correspondante – qui j'espère vous permettra de comprendre les tenants et aboutissants de ce raisonnement qui est capital pour vous.

Ma décision initiale (début du cercle vertueux) :

Après les soirs de matchs, j'éteins mon téléphone à 23h00 au plus tard

Mon évaluation :

Depuis que je l'éteins plus tôt, je m'endors plus vite. Je sens que ma récupération s'améliore. Je me sens mieux en général. Je vais donc continuer

Mon engagement :

Je vais utiliser ce gain d'énergie pour travailler plus mes faiblesses la semaine prochaine. Généralement, je n'aime pas trop le faire mais je me sens assez fort pour le faire maintenant

Fiche pratique 22

Le modèle de décisions optimales

À votre tour maintenant.

1. Dans le prolongement des nouveaux comportements que vous avez décidés dans les fiches pratiques précédentes, **choisissez-en cinq** qui selon vous pourraient vous permettre, en principe, d'entraîner d'autres bonnes décisions dans leur sillage.

2. Réfléchissez maintenant aux **moyens de connecter** ces décisions à d'autres ; choisissez deux situations parmi les cinq choisies.

3. **Testez** ces deux situations en pratique. Vous ont-elles permis d'entraîner d'autres bonnes décisions dans leur sillage ? Encore une fois détachez-vous du résultat final et de l'obligation de parvenir à les connecter. Le simple fait de vous y essayer va, en temps voulu, vous permettre d'améliorer vos décisions. Vous parviendrez ainsi à intégrer naturellement le MDO sans le forcer.

Passons maintenant à la troisième section relative aux outils nécessaires à votre performance mentale : ceux relatifs à des situations spécifiques que vous allez assurément rencontrer.

L'APPLICATION À DES SITUATIONS SPÉCIFIQUES

J'ai souhaité isoler dans cette section quelques situations rencontrées par les sportifs de haut niveau, et autres individus, de sorte que vous y accordiez une attention toute particulière. Ces situations correspondent à celles que vous avez rencontrées ou allez rencontrer dans le futur. Dans votre sport et dans votre vie en général.

Vous allez vous rendre compte que les outils présentés jusqu'alors vont auront préparé à aborder ceux qui seront partagés dans ce chapitre. Car ils répondent à la même logique, celle que vous vous fassiez confiance en restant fidèle à la personne que vous êtes tout en utilisant votre courage dans une multitude de situations.

Ces situations spécifiques concerneront les sujets suivants :
- Le planning de vos objectifs
- La gestion de la blessure et des arrêts forcés
- Le moment présent
- L'évaluation de votre travail

Commençons par vos objectifs pour lesquels je ne vous conseillerais trop de vous faire assez confiance pour répondre à vos besoins spécifiques.

23. VOS OBJECTIFS VOUS AIDENT-ILS ?

Comme vous le savez sûrement déjà, vous trouverez pléthore de livres, ouvrages, articles consacrés à la préparation mentale. Vous n'aurez qu'à choisir. Beaucoup de ces ressources défendent les mêmes thèses, souvent à bon escient car il existe des consensus scientifiques solides sur le sujet. Mais il existe également beaucoup de champs inexplorés ainsi que, parfois, certaines contrevérités guidées par des intérêts qui n'ont pas tous attrait à la performance optimisée. Je n'ai eu de cesse de défendre ces ajustements nécessaires, de défendre l'innovation plutôt que l'immobilisme, de défendre les vertus de la simplicité dans la performance et de le prouver avec certains qui sont devenus les meilleurs au monde. J'ai voulu également porter et partager cette vision dans mon premier ouvrage. Et maintenant à travers celui-ci.

Quand vous parlez de performance, la majorité des ouvrages sur le sujet vous conseilleront de commencer par vous fixer des objectifs clairs. Dans ce contexte, beaucoup vous parleront du modèle SMART[29] qui met l'accent sur la clarté des objectifs à des fins d'évaluation. Comme nous l'avons vu et le verrons spécifiquement dans le dernier outil qui vous sera présenté dans ce livre, la phase d'évaluation est ô combien importante quand on parle de performance. Le point de départ de toute évaluation est en effet de se fixer en amont un objectif clair et précis. Vouloir faire partie des cent meilleurs joueurs de tennis du monde à la fin de cette saison, qualifier son équipe pour les play-off, faire valider son projet par le conseil d'administration ou acheter une maison avant la fin de l'année en sont des exemples. Ces objectifs sont évaluables parce que quantifiables et nous permettrons donc de savoir si nous les avons atteints ou non.

Au risque de vous surprendre, je défends l'idée que dans certaines situations **se fixer des objectifs est contreproductif**. Car ils peuvent contribuer à éloigner ceux qui se les fixent de ce qu'ils veulent atteindre. Dans ma pratique, j'ai en effet rencontré et accompagné un certain nombre d'athlètes qui sont parvenus à maximiser leur potentiel grâce à leur courage de ne PAS se fixer d'objectifs au préalable. Pourquoi ? Parce que nous savions que ces objectifs allaient faire émerger des obstacles supplémentaires sur notre chemin. S'il apporte de la clarté théorique d'un côté, l'objectif peut **ralentir** la progression pratique de l'autre.

Se fixer des objectifs particuliers peut en effet faire naître des attentes négatives chez les individus. Cette pratique peut décupler chez eux une tendance au perfectionnisme exacerbé où chaque point d'étape doit être confronté à l'objectif initial. Il distance ces individus du moment présent. Le piège du planning à outrance leur tend les bras et transforme alors ces individus en machines à penser où leurs qualités naturelles s'estomperont avec le temps. De plus, ces objectifs – si trop figés – ne prendront pas en compte le contexte dans lequel ils évoluent et peuvent pousser à la précipitation donc à la décision inopportune. Par exemple, un couple qui, malgré la soudaine flambée des prix et taux d'intérêts, achèterait un bien immobilier, souhaitant atteindre à tout prix l'objectif fixé d'achat avant la fin de l'année, ne ferait pas preuve d'une décision optimale. Se fixer des objectifs trop arrêtés ou encore ne pas être capable de les réévaluer quand nécessaire est contreproductif.

---

29. Manager GO!, « Objectifs SMART », « Comment fixer des objectifs SMART ? ».

Cependant il est important pour certains athlètes, entraîneurs et autres individus de se fixer des objectifs précis dont ils ont besoin afin de maximiser leur potentiel. Une fois déterminé, l'objectif final sera décomposé en mini-objectifs de sorte de permettre à leurs auteurs de savoir où ils se situent. Par exemple, j'ai beaucoup travaillé avec certains joueurs de football souhaitant atteindre le niveau international sur des mini-objectif par période (ex : ne pas dépasser un certain nombre de fautes sanctionnées au cours du prochain mois ou encore de gagner un certain pourcentage de duels, etc.) ou avec un entraîneur sur sa capacité à délivrer à ses joueurs un unique message-clé lors de ses causeries d'avant match. Cette méthodologie peut être aidante même si de mon point de vue des nuances importantes doivent y être apportées. L'objectif pour ces individus ne doit pas être nécessairement de devenir le meilleur défenseur ou entraîneur du monde, mais bien de se rapprocher un peu plus de ces objectifs par la réalisation de petits défis quotidien. Limiter les fautes sanctionnées du joueur de football et aider l'entraîneur à devenir plus concis les rapprochera de cet objectif final.

Dans l'hypothèse où vous sentiriez que vous fixer des objectifs reste le modèle le plus aidant pour vous, je vous conseille de suivre ce chemin mais sous les trois conditions suivantes :

1. **Détachez-vous mentalement** de votre objectif en vous concentrant plutôt sur les étapes qui vous rapprocheront d'eux. En effet, si vous évaluez constamment votre progression en fonction de cette même ligne d'arrivée, vous allez freiner votre progression car des attentes négatives surviendront en chemin. Savoir là où vous souhaitez arriver est important, mais se faire assez confiance pour croire et sentir que vous allez le faire l'est encore plus.

2. Identifiez puis **mettez en application** ces petites actions qui vous rapprocheront de votre objectif. J'ai en effet observé certains athlètes ou certaines équipes – y compris évoluant au niveau international – ne parvenant pas à transformer la théorie en pratique. Ils ne prenaient que trop peu d'actions concrètes. Et ce sont bien ces dernières qui feront toute la différence.

3. **Évaluez le résultat et réajustez vos objectifs** si nécessaire. Acceptez que le programme ne se passe pas comme initialement prévu. En effet, vous allez rencontrer des obstacles sur lesquels vous n'aurez que peu ou pas de contrôle sur ce qui doit faire évoluer vos objectifs. Rappelez-vous que votre développement n'est pas une épreuve contre la montre. C'est un marathon, alors profitez de chaque kilomètre qu'il vous offre en gardant la confiance que vous franchirez la ligne d'arrivée.

Comme indiqué précédemment, les solutions sont individuelles. Se fixer des objectifs ou non ne répond pas à une règle universelle. Je combats l'idée d'une voie unique. Surjouer cet exercice fera oublier aux individus qui ils sont.

Afin d'illustrer mon propos de manière encore plus concrète, laissez-moi vous conter une histoire issue de la vraie vie. Ma fille Clara aime s'asseoir à mes côtés le soir quand je regarde le journal télévisé depuis les Pays-Bas où je réside quand je ne suis pas en Finlande ou en déplacements. Elle ne le regarde généralement pas le trouvant « trop triste » comme elle me l'a dit une fois, mais elle vaque à ses occupations, la plupart du temps dessinant sur son bloc-notes assise à mes côtés. Un soir, elle apporta plusieurs crayons de couleur et les posa sur le canapé entre moi et elle. Elle commença à dessiner, les utilisant un par un avec assiduité et concentration. À quelques reprises, je jetai un coup d'œil intéressé et lui demandai :

« Qu'est-ce que tu dessines ma puce ? »
– « Je ne sais pas Papa. On verra quand j'aurai terminé »

me répondit-elle d'un ton concentré et ferme.

Je n'oublierai pas cette réponse de sitôt. Clara n'avait pas d'objectif précis. Elle se laissait juste guider par son instinct et le plaisir qu'elle ressentait à dessiner. Elle utilisait les couleurs car elles les trouvait simplement jolies. Elle croyait dur comme fer que son dessin allait représenter quelque chose de beau quand elle aurait terminé, même si elle ne savait pas exactement quoi.

Pourquoi lui demander alors ce qu'elle dessinait ? Ma question était inutile. Clara avait raison. Elle voulait profiter du moment. Elle avait confiance en elle. La contraindre de se fixer un objectif ou de suivre un plan précis ne lui aurait pas permis de prendre le plaisir qu'elle ressentait. **Tout objectif l'aurait privée de l'opportunité de se faire assez confiance pour y croire**. Je ne sais pas ce que Clara fera plus tard dans la vie. Si elle excellera ou non dans une discipline. Mais ce que je sais, c'est que ce soir-là elle a fait vivre les qualités des meilleurs athlètes du monde. Avec plaisir et courage. À six ans.

Vous aurez déjà compris qu'il ne me paraît pas opportun de vous présenter une fiche pratique concernant l'absence d'objectifs. Clara venant de vous en faire la démonstration.

Toutefois, et pour aider ceux d'entre vous qui auraient besoin de ce travail de fixation d'objectifs dans les situations dans lesquelles ils se trouvent, essayez-vous à la fiche suivante en gardant en tête les trois conditions énoncées précédemment. Celles-ci magnifieront l'impact positif des objectifs dans votre performance optimisée en évitant les pièges qu'ils comportent.

Fiche pratique 23

Fixez-vous un objectif clair MAIS concentrez-vous sur le chemin pour y arriver

Réfléchissez aux deux questions suivantes inscrites dans les rectangles foncés. Souvenez-vous que vos objectifs doivent être suffisamment précis pour être quantifiables et que le chemin qui vous y mènera est constitué d'actions concrètes qui vous rapprocheront progressivement de votre objectif. Vous trouverez des exemples dans les flèches claires, à droite. Décrivez vos réflexions.

Passons maintenant à l'outil suivant qui constitue de mon point de vue la pierre angulaire de votre bien-être et de votre performance. Cet outil est et sera déterminant dans votre vie car il présente un modèle utilisable pour vous dans toute situation. Il est le cœur de cet ouvrage.

Quel est l'objectif que je souhaite atteindre à la fin de cette saison ?	• Devenir le meilleur attaquant au championnat • Battre mon record personnel aux 100 mètres en passant sous la barre des 10 secondes
Quelles sont les actions que je dois prendre pour atteindre cet objectif ?	• Réfléchir un peu moins et devenir plus instinctif devant le but • Faire un travail spécifique de relâchement musculaire pour aller plus vite

24. MAXIMISEZ

VOS DEUX PROCHAINES SECONDES : LE MODÈLE « 2PS »

« Ça a marché ! J'ai pensé à cela avant de servir et j'ai fait un très bon match ! » Voici le message WhatsApp que je reçois d'un joueur de volley-ball serbe avec qui j'avais travaillé quelques jours auparavant et spécifiquement sur cette question.

Alors à quoi fait-il référence ? À l'exercice des « deux prochaines secondes » comme je l'ai appelé. Comme indiqué précédemment, vivre dans le moment présent sans regarder ce qui s'est déroulé dans le passé ou anticiper ce qui pourrait se passer dans le futur reste le meilleur moyen de maximiser votre potentiel.

Appelé en urgence par son club étranger pour y travailler en présentiel avec son équipe alors en grande difficulté dans leur championnat, j'avais conduit des entretiens individuels avec chaque joueur afin de préparer au mieux le match important qui s'annonçait en coupe d'Europe. Lors de mon entretien individuel avec ce joueur serbe, celui-ci m'avait fait part de la certaine divagation de ses pensées au cours des entraînements et des matchs. Il ne parvenait pas à conserver une concentration stable et solide, ce qui entraînait des baisses soudaines de performance.

Répéter inlassablement encore et encore aux joueurs ou autres individus la nécessité de vivre dans le moment présent ne les aide généralement que trop peu. Pourquoi ? Pour deux raisons principales. La première est qu'il faut être beaucoup plus concret et précis pour mettre en pratique cette formule que beaucoup utilisent comme une phrase toute faite. La seconde est que forcer les choses sans qu'elles soient profondément ressenties par les individus n'aboutira pas à une croissance de leur performance. En revanche, le changement s'opèrera durablement s'ils découvrent par eux-mêmes, souvent avec l'aide d'un facilitateur, qu'ils ont leur propre intérêt à agir de la sorte. Pour ce faire, l'idée est de les aider à ne penser qu'au moment présent grâce à une concentration fixée exclusivement sur les éléments-clés de leur performance. En d'autres termes, les aider à penser uniquement à ce qui leur sera le plus utile **au cours des deux prochaines secondes**.

Je lui posai la question suivante :

« Imagine que nous sommes tous les deux sur le terrain de volley-ball. Je te demande de m'aider à réussir un service. Je suis débutant. Si tu devais me donner uniquement deux conseils pour maximiser mes chances de réussir ce service, un relatif à la technique, l'autre au mental, quels seraient-ils ? » Il réfléchit, amusé de ma question. **– « Seulement deux ? » – « Oui, seulement deux. Ne commence pas à négocier 😊 » – « Je pense que je te dirais de lancer la balle devant toi. Puis d'avoir confiance quand l'impact avec le ballon se produira. » – « Eh bien tu sais maintenant quoi faire pour tes prochains services »** lui ai-je répondu. **– « Qu'est-ce que tu veux dire ? » – « Tu viens d'énoncer les deux choses sur lesquelles tu dois te concentrer au service lors du prochain match. Pas plus ni moins. Ces deux éléments sont tes meilleurs amis. Emmène-les avec toi. »**

Le résultat fut à la hauteur. Le joueur accrût significativement son nombre de points au service lors du match suivant. Il réussit à atteindre de nouvelles zones mettant plus en difficulté les réceptionneurs adverses. Il avait appris à se concentrer uniquement sur l'essentiel en simplifiant considérablement sa manière de penser. En conséquence et comme nous l'avons vu dans le **modèle MDO**, il est ensuite parvenu à utiliser cette confiance gagnée au service pour renforcer d'autres compartiments de son jeu où il a également joué avec plus de confiance.

Ce travail d'analyse de ce qui est essentiel au cours des deux prochaines secondes peut bien sûr se dupliquer à l'ensemble des situations de jeu au volley-ball mais également s'appliquer à d'autres sports ainsi qu'à toute situation de la vie quotidienne : au début d'une intervention publique, lors d'une divergence de point de vue avec son conjoint ou un ami, avant de prendre une décision importante, etc. L'idée est de **revenir au plus simple**. Comme je le répète souvent, l'un des attributs du coaching mental innovant que je défends est d'aider les individus à prendre une action simple qui aura un impact important.

Cet exercice des deux prochaines secondes ainsi que son modèle que j'ai créé permettent de mettre en pratique ce principe. Tout comme ce boxeur professionnel que j'ai accompagné pendant un an et qui a réussi à remporter plus de combats longs – ceux allant jusqu'à la décision des juges – uniquement en prenant plus de micro-respirations par petites tranches de deux secondes afin d'économiser ses forces et ainsi de garder de l'impact pour mieux terminer ses combats. Nos discussions lui ont permis de comprendre qu'il ne pouvait être en état de vigilance constante, ce qui engendrait une fatigue physique et mentale précoce. Il disposait lors de tous ces combats de petites secondes ici et là qui lui offraient la possibilité de respirer un peu plus, et ce avant de se remettre en vigilance maximale. Il a été assez courageux pour s'y essayer. Cet outil a constitué une véritable révolution dans sa carrière et dans sa vie. Tout comme ce joueur de volley-ball qui a réussi à rétablir sa constance en l'espace de quelques minutes grâce au retour de la simplicité dans sa manière de penser. Pour vous aider à intégrer pleinement cette démarche, j'ai formalisé le modèle suivant :

Les deux prochaines secondes : le modèle « 2PS »

Voici une fiche pratique qui j'espère vous aidera à utiliser au mieux vos deux prochaines secondes et ce afin de renforcer l'efficacité des suivantes. Rappelez-vous que nous cherchons un petit changement qui

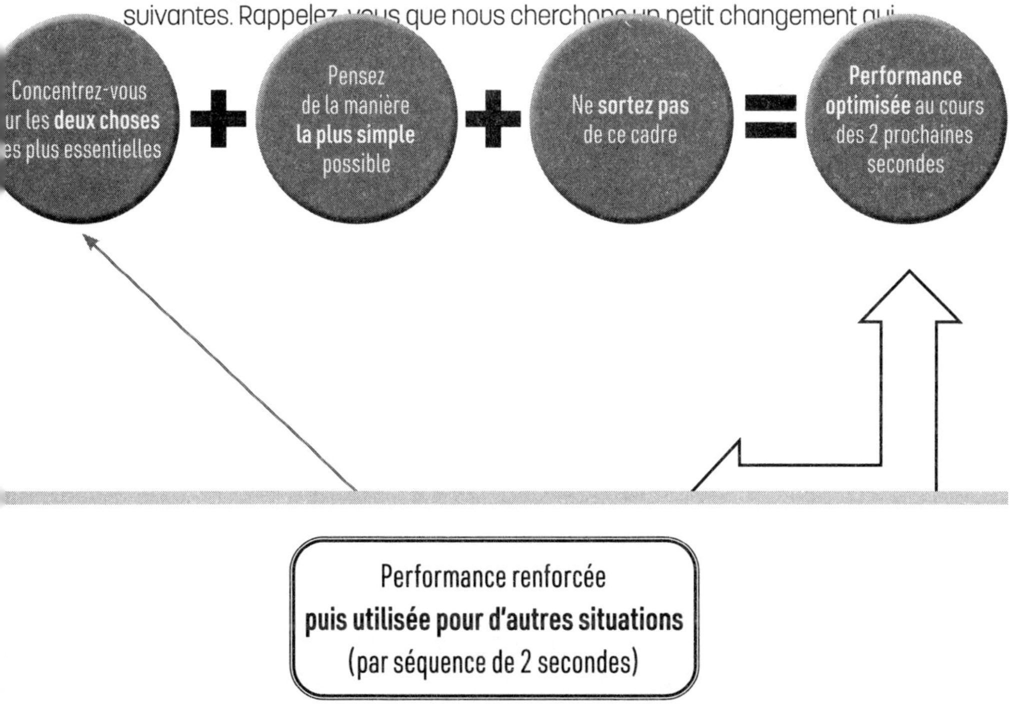

créera une grande différence. Et seule la simplicité vous permettra de le trouver.

Fiche pratique 24

Maximisez vos deux prochaines secondes

Pour chaque situation de la vie dans lesquelles vous vous retrouvez, concentrez-vous sur ce que vous avez de mieux à faire au cours des deux prochaines secondes pour maximiser votre performance. Pour vous y aider :

1. Réfléchissez en amont aux **deux conseils** les plus importants qui permettraient à un débutant de réaliser une action particulière dans son sport ou dans sa vie. L'un doit être d'ordre technique, l'autre d'ordre mental. Vous trouverez un exemple d'équation ci-dessous emprunté au football et issu de mon travail d'accompagnement. Le résultat final est indiqué au sommet de la pyramide. Les deux conseils qui l'auront rendu possible étant indiqués à sa base et au milieu de celle-ci. Réalisez donc votre propre **pyramide de la performance**.

2. Dupliquez maintenant cet exercice à d'autres situations de votre sport ou de votre vie de sorte que vous disposiez d'une sorte de **catalogue**

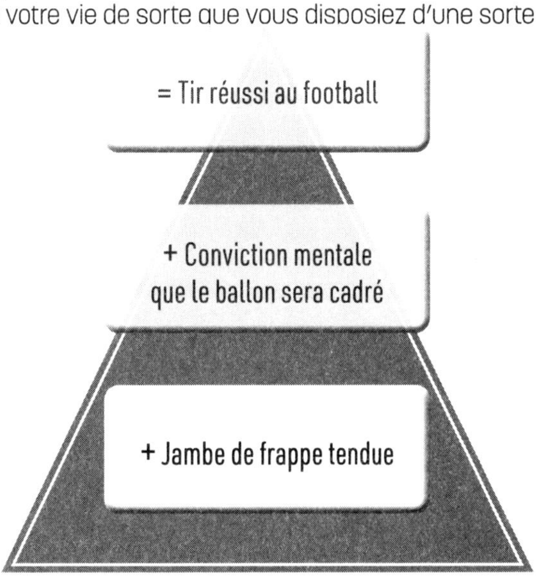

des deux choses les plus importantes sur lesquelles vous devez vous concentrer. Un autre exemple est partagé ci-dessous.

Passe réussie (Football)	Quel est le vôtre ?
Pied d'appui bien ancré su sol	
Relâchement lors de l'impact avec le ballon	

3. **Testez** en pratique cet outil de concentration lors des prochains entraînements et des situations de vie que vous rencontrez. Prenez votre temps. Ne soyez pas dans l'attente négative qu'un résultat optimal doit apparaître immédiatement.

4. Une fois testé, qu'en pensez-vous ? Est-ce que vous concentrer sur ces deux choses vous a aidé ? Si oui, avez-vous ressenti un surcroît de confiance pour l'utiliser dans d'autres situations ? Détaillez vos réflexions.

25. LA GESTION DE LA BLESSURE ET DES SITUATIONS DE CRISE

Cette section sera consacrée à un thème pour lequel je suis sollicité très régulièrement : la gestion de la blessure ou des situations de crise au sens large. C'est donc naturellement que je vais développer celle-ci un peu plus que les autres car j'y ai développé beaucoup d'outils qui ont fait leurs preuves auprès des individus avec lesquels je travaille. Vous aurez compris que ces outils s'appliqueront parfaitement aux situations de crises ou de difficultés que nous rencontrons tous et toutes telles que les problèmes de santé, les problèmes familiaux, professionnels et autres ; ils font appel au courage, véritable poumon de la résilience face à l'adversité.

Je détaillerai mon raisonnement en trois étapes, chacune d'entre elles étant assortie d'une fiche pratique.

Commençons par vous aider à analyser la manière dont vous percevez la blessure et tout autre événement imprévu de ce type. Dans ce cadre, vous trouverez dans la fiche pratique suivante les questions initiales que vous devez vous poser et qui vous seront utiles pour gérer de manière optimale ce type de situation de crise.

Fiche pratique 25a

La meilleure gestion de la blessure et des situations de crise : La prise de conscience

Sans penser à des situations de blessure ou de crise particulières auxquelles vous vous seriez confronté dans le passé, réfléchissez aux deux questions ci-dessous énoncées puis illustrées par le schéma. Vous constaterez qu'elles font appel à certains des principes de votre performance détaillés dans une section précédente.

1. Sur le principe et encore une fois **SANS** vous référer à des situations particulières, réfléchissez au **niveau de contrôle** que vous avez sur les situations d'arrêt ou d'interruption forcés tels que blessures, maladies, accidents, etc.

En règle générale, quel niveau de contrôle pensez-vous avoir sur les blessures, maladies et autres arrêts forcés ?

- **Partiel :** vous pouvez faire certaines choses sans toutefois être certain de pouvoir les éviter
- **Total :** vous pouvez les éviter dans tous les cas
- **Nul :** en aucun cas, vous ne pouvez les éviter

2. Dans votre situation personnelle maintenant, interrogez-vous sur la survenance de ces épisodes au cours de votre vie et de votre carrière. Est-ce que vous pensez que les arrêts forcés que vous avez vécus dans le passé peuvent, sur le principe, se reproduire dans le futur ? Ou pensez-vous pouvoir les éviter complètement ?

3.

Dans votre situation personnelle, pensez-vous que vous pourriez rencontrer encore dans le futur blessures, maladies et autres arrêts forcés au cours de votre carrière/vie ?

- **Oui :** ces arrêts peuvent se reproduire dans ma situation
- **Non :** ces arrêts ne se reproduiront pas dans ma situation
- **Peut-être :** ces arrêts pourraient se reproduire dans ma situation

Il va de soi que ces situations de blessures, maladies et autres arrêts forcés peuvent sur le principe se reproduire dans le futur. Si nous appliquons les principes de ma philosophie de coaching et en premier lieu le degré de contrôle, il est évident que celui-ci reste et restera limité dans ces situations. Même si un travail de prévention de la blessure, de la maladie, de l'accident est mené par les individus, éviter ces événements apparaît impossible car ils surviennent également du fait d'autres paramètres placés en dehors de notre contrôle. Ceci est la réalité dans laquelle nous vivons. Penser le contraire nous placera d'emblée en dehors de la réalité ralentissant considérablement votre capacité à réagir positivement dès lors que ces épisodes surviendront. Comme nous l'avons vu pour la gestion de l'erreur, il convient donc **d'accepter ces événements pour mieux se préparer à y faire face.**

Afin de poursuivre mon raisonnement, je vous propose maintenant d'être encore plus spécifique et de réfléchir à vos propres pratiques. La fiche suivante devrait pouvoir vous y aider. Elle correspond à son étape 2 : le *« reality check »*.

Fiche pratique 25b

La meilleure gestion de la blessure et des situations de crise : Le « *reality check* »

Après avoir raisonné de manière plus globale dans la partie précédente, je vous demanderai maintenant d'être plus spécifique.

Listez ci-dessous les différentes absences ou différents arrêts forcés que vous avez rencontrés dans le passé pour raison de blessures, de maladies, d'accidents et d'autres interruptions inattendues de ce type. Pour chacune d'entre elles, **listez les questions que vous vous êtes posées** au cours de ces périodes. L'important ici est de décrire aussi précisément que possible les émotions et les sensations qui ont traversé votre esprit au cours de ces épisodes. Prenez-le temps d'y réfléchir. Il n'y a pas ici de bonne ou de mauvaise réponse. L'important est que vous soyez le plus honnête et précis possible. Pour vous y aider, vous trouverez encore une fois un exemple tiré du travail d'accompagnement que j'ai mené avec certains de mes athlètes.

Événement : Blessure entraînant une non-participation aux championnats de France	**Événement :** COVID long entraînant persistance des symptômes impactant récupération et performance	**Événement :** Début de *burn out* (entraîneur)
• Ce n'est pas juste, j'étais prêt. Pourquoi moi ? • Si j'y avais participé, j'aurais certainement remporté le titre	• Est-ce que je vais être capable de retrouver mon niveau de performance d'avant ? • Je devrais déjà avoir complètement récupéré. Qu'est-ce qui m'arrive ?	• C'est juste au moment d'arriver aux championnats du monde que je commence à mal dormir ? • Qu'est-ce qui m'arrive ? J'ai plus de mal à préparer les séances vidéo et ressens un manque d'enthousiasme en général pour ce que je fais

Comme nous venons de le voir dans cette fiche, il est important que vous n'occultiez pas les pensées et les sensations qui ont traversé votre esprit au cours de ces périodes d'adversité. Je répète souvent à mes clients qu'ils ne sont ni *superman* ni *wonder woman* et qu'ils vont rencontrer ces situations à un moment ou à un autre. Il faut donc s'y préparer en toute quiétude et sérénité.

De mon point de vue, le problème ici s'exprime également dans la terminologie employée. Ces individus ne doivent pas se voir ou se sentir victimes de ces situations. Comme nous l'avons vu concernant l'opportunité, ces moments d'adversité peuvent être également extrêmement aidants pour les individus eux-mêmes, à condition d'accepter de voir ces opportunités offertes. Alors, pourquoi dire que les individus sont victimes de blessure ? Je préfère me référer aux « acteurs » et « actrices » de ces situations parce que la gestion optimale de celles-ci nécessitera une proactivité déterminante de la part des individus pour en tirer bénéfices. Ce faisant, ils parviendront à repousser leurs limites encore plus loin et ainsi poser les bases de leurs succès futurs.

De même, se rendre compte des doutes et des questions qui nous ont traversé l'esprit est crucial pour la suite de notre chemin vers une gestion optimisée des situations de crise. Trop souvent ces athlètes, ces entraîneurs et ces individus se concentrent uniquement sur l'action, sur la résolution du problème, sans s'attarder sur ce qui s'est passé précisément dans leur tête. Sans cette phase nécessaire, ils seront alors privés de ce surcroît d'expérience et donc de recul nécessaire qui les aurait aidés à mieux gérer ces mêmes épisodes dans le futur. De mon expérience, la prédominance de cette mentalité exclusive de résolution peut contribuer dans certains cas à une survenance plus importante de ces absences forcées du fait d'un maintien de degré d'exposition élevé de ces individus envers elles. Ils n'auront en effet pas pris le temps de changer leur perception de ces événements les privant ainsi de la capacité de mieux les anticiper. Accepter de voir en quoi ces moments d'adversité peuvent être aidants constitue de mon point de vue un pare-feu que trop peu utilisent. Encore une fois, le chemin est souvent plus aidant que le résultat final.

Passons maintenant à l'étape trois de mon raisonnement, qui sera sa partie finale : l'opportunité. Avant de partager avec vous une fiche pratique, laissez-moi vous comptez une histoire que j'ai vécue lors d'un de mes accompagnements, qui vous permettra je l'espère de comprendre d'autant mieux ce raisonnement.

Comme nous l'avons vu, avoir la capacité de transformer chaque situation difficile en une opportunité est une des caractéristiques communes des meilleurs au monde. Si être blessé ou malade vous écartera à court terme de votre prochain objectif, ces événements restent des opportunités uniques afin que vous développiez des qualités indispensables à la maximisation de votre potentiel sur les moyen et long termes.

Savez-vous quelle est la réponse qui m'est le plus souvent faite quand je challenge mes clients à s'engager dans d'autres activités afin qu'ils se déconnectent de leur sport, de leur profession ou de toute autre occupation dévorante ? « Je n'ai pas le temps » me répondent la plupart d'entre eux.

La référence au manque de temps est très courante chez les athlètes et autres individus. Il est vrai que beaucoup de sportifs professionnels n'en ont pas beaucoup entre entraînements, compétitions, déplacements, événements divers, etc., comme tout un chacun avec ses responsabilités professionnelles, familiales, etc. À moins que ces individus soient assez courageux pour le prendre. Ces interruptions leur donnent ce temps. Ils ne peuvent alors plus se cacher. Elles leur procurent l'opportunité de sublimer une ou plusieurs de leurs qualités ou d'en travailler d'autres qu'ils n'auraient pu faire progresser sans ces arrêts forcés.

Athlète internationale reconnue, une cliente me sollicita pour l'aider à gérer mentalement une blessure qui l'écarta au dernier moment des championnats du monde auxquels elle devait participer. Déçue du manque d'efficacité des psychologues du sport que sa fédération avait mis à sa disposition dans le passé, elle m'avait choisi comme accompagnateur extérieur sur le plan mental. Elle cherchait des solutions pratiques, concrètes, différentes.

Nous débutâmes notre travail. Je commençai par essayer de la connaître dans son sport mais surtout dans la vie. Je découvris alors une personne très talentueuse possédant de multiples qualités – pour la plupart inconnues par elle – dissimulées par une timidité qui s'était installée avec le temps. Au fur et à mesure de nos échanges et indépendamment de sa blessure, elle décrivit une confiance en elle qui avait décru dans sa vie en général depuis plusieurs mois. Cette confiance s'était effacée peu à peu.

Après quelques séances et parmi d'autres défis personnels auxquels elle avait dû faire face, j'ai pu observer qu'elle avait été également formatée par le système en place dans son sport et en particulier au sein de sa fédération. Je remarque souvent ce phénomène par lequel fédérations accompagnent la performance de leurs athlètes en **lissant** les caractéristiques propres d'individus qui restent foncièrement différents, et ce à grands coups de protocoles d'entraînement uniques. Certains d'entre eux évoluent d'ailleurs en marge de leurs fédérations, ne se reconnaissant plus dans le système en place, même si beaucoup sont dans l'obligation de continuer à appartenir au système – parfois même en apparence – car bénéficiant souvent depuis des années d'un appui financier dont beaucoup pourraient difficilement se passer. Les plus clairvoyants se tournent alors vers des solutions d'ordre privé. Je ne compte plus ce type de sollicitations à mon égard, y compris venant des meilleurs athlètes et des meilleurs entraîneurs internationaux, dont des Français.

Blessée, cette athlète ne pouvait plus s'entraîner, tout du moins sur la piste. Elle avait reçu de la part de son équipe médicale un protocole de rééducation très clair qu'elle devait suivre à la lettre. Sur le plan mental, elle s'était vu proposé un accompagnement mais l'avait refusé avec courage sachant consciemment que ce choix ne serait pas optimal pour elle.

Nous avions devant nous une opportunité unique pour résoudre certains freins à sa performance, au premier rang desquels se trouvait sa timidité. Nous disposions de temps et donc d'une fenêtre pour la rapprocher un peu plus de sa ligne d'arrivée. Comme je le fais avec tous mes clients, nous devions alors sceller un pacte moral. Je lui garantissais mon soutien total ainsi que mon expérience internationale sur le sujet. En échange, elle devait s'engager à sortir de sa zone de confort en prenant la responsabilité de son processus. En complément de nos sessions habituelles en distanciel, nous nous rencontrions de temps en temps en présentiel.

Lors d'un de nos premiers échanges, je lui demandai :

« Est-ce qu'il y a une action concrète que tu puisses prendre la semaine prochaine – que tu es peu encline à faire – qui pourrait te convaincre que tu n'es pas aussi timide que tu ne le penses ? »

Elle me demanda d'y réfléchir.

Trois jours plus tard, je reçus un message WhatsApp de sa part :

« Je crois avoir trouvé et souhaiterais t'en parler. »

Lors de notre séance suivante, elle m'expliqua qu'elle avait reçu quelques mois auparavant des sollicitations d'écoles de sa ville natale afin qu'elle explique son parcours aux élèves. Elle les avait toujours déclinées poliment, utilisant son manque de temps comme raison principale pour dissimuler sa réticence à s'exprimer en public.

Avec courage, elle recontacta – directement, pas *via* son agent – une école et accepta de se rendre sur place. Sur mes conseils, elle demanda à l'institutrice de collecter les questions des élèves en amont afin d'y réfléchir et donc de se sentir un peu plus apaisée à l'approche de ce qui restait un événement public difficile à appréhender pour elle. Nous préparâmes ses réponses ensemble. Non pas dans leurs moindres détails mais dans leurs grandes lignes, ce autour d'un ou deux messages-clés qu'elle souhaitait particulièrement transmettre aux élèves. Cette approche que je pratique couramment avec des managers et d'autres chefs d'entreprises – afin de les aider à préparer leurs interventions publiques – leur permet de trouver le compromis entre préparation et spontanéité, marqueur de la mentalité de confiance donc de performance optimisée.

Elle se rendit sur place. Je n'y étais pas moi-même car elle s'était engagée à prendre la responsabilité de cette démarche.

Voici le message qu'elle m'adressa le soir-même :

« J'ai adoré ! 😊 J'ai pris beaucoup de plaisir à le faire. Cela n'a pas été aussi difficile que je le pensais. »

Sans qu'elle s'en soit encore rendu compte, nous venions de repousser plus loin ses limites. Nous venions d'ajouter un ingrédient supplémentaire au gâteau de sa performance. Cet ingrédient n'avait pas de lien direct avec l'athlétisme. Mais il était essentiel à sa performance. Et nous le savions parfaitement.

Pourquoi pensez-vous que cette intervention s'est bien passée ? Parce que, pour y parvenir, cette athlète avait utilisé des qualités qu'elle ignorait. Qualités qu'elle ne voulait pas voir ou qu'elle prenait pour argent comptant, comme la générosité, le charisme. Elle avait également utilisé certaines composantes de son socle de valeurs telles que l'empathie, la gentillesse envers autrui, l'envie de transmettre aux autres, ce qui lui procura une grande satisfaction personnelle. De plus, elle ne tomba pas dans le piège de la préparation à outrance – donc de l'attente négative – et ce afin de conserver cette spontanéité indispensable au succès de toute intervention publique. Elle gagna beaucoup de confiance en elle grâce à cet exercice qu'elle allait utiliser rapidement dans son sport.

Je lui posai alors la même question quelques semaines plus tard.

« Est-ce qu'il y a une action concrète que tu puisses prendre la semaine prochaine – que tu es peu encline à faire – qui pourrait te convaincre que tu n'es pas aussi timide que tu ne le penses ? »

– « Cela me rappelle quelque chose 😊 » me répondit-elle d'emblée dans un sourire. Elle y avait déjà pensé. Elle commençait à être proactive.

« Le Rotary Club m'a proposé il y a quelque temps d'intervenir auprès d'un parterre de chefs d'entreprises afin que je leur explique mon parcours. »

– « Tu sais alors ce qu'il te reste à faire » lui répondis-je.

Elle était maintenant convaincue qu'elle devait continuer dans cette direction. Pas parce que je le lui avais conseillé mais parce qu'elle l'avait compris (presque) seule. Le changement était devenu durable. Elle venait de comprendre qu'elle avait le pouvoir de transformer une situation difficile – sa blessure l'écartant des championnats du monde – en une opportunité pour elle, sa carrière et sa vie en général.

Certains d'entre vous auront également reconnu les contours du modèle MDO évoqué précédemment, sa bonne décision initiale en entraînant d'autres dans son sillage. Sans cet arrêt forcé, cette athlète ne se serait pas confrontée à ses peurs, à cette timidité qui lui faisait perdre le contrôle d'elle-même quand elle se trouvait dans le peloton de concurrentes à l'approche du dernier tour de piste. Cette timidité l'empêchait de s'engager pleinement, de jouer des coudes si besoin, de se placer sereinement et avec autorité à l'approche de la dernière ligne droite, en somme de croire en elle et en ses moyens, y compris ceux qu'elle ignorait. Ce qu'elle percevait comme une perte de temps à l'annonce de sa blessure s'est transformé, grâce à elle et à son courage, en un fantastique **accélérateur de performance** et de bien-être.

Au cours des six derniers mois, cette athlète a battu à trois reprises le record national de son pays et ce dans trois disciplines différentes. Elle fait maintenant partie des dix meilleurs au monde dans une d'entre elles.

J'espère que cet exemple pratique vous aidera à comprendre cette logique. La fiche suivante pourrait également vous y aider.

Fiche pratique 25c

La meilleure gestion de la blessure et des situations de crise : Transformez la situation en une opportunité

Souvenez-vous de la question que j'ai posée à cette athlète :

« Est-ce qu'il y a une action concrète que tu puisses faire la semaine prochaine – que tu es peu encline à faire – qui pourrait te convaincre que tu n'es pas aussi *timide* que tu le penses ? »

Réfléchissez aux propositions suivantes :

1. Regardez votre socle de valeurs. Puis repensez aux angles morts que vous avez identifiés.

2. Remplacez l'adjectif **timide** par un autre adjectif représentant un trait de votre caractère que vous souhaiteriez améliorer.

   Adjectif choisi ——————→

3. Après avoir remplacé cet adjectif, **réfléchissez** à la question suivante (exemple ci-dessous).

« Que pourriez-vous faire la semaine prochaine pour améliorer ce trait de votre caractère ? »

Vous trouverez un exemple ci-dessous.

Patience	Le vôtre ?
☐ Je manque de patience en général. Par exemple, j'ai toujours aimé lire mais j'ai tendance à lire trop vite. Je vais acheter un livre et ne pas me mettre d'objectif quant à la date à laquelle je devrais l'avoir terminé. Peut-être que cela va m'aider à accroître ma patience en général ?	☐
☐	☐
☐	☐
☐	☐

Vous aurez noté que cet exemple est également connecté avec l'un des précédents outils présentés dans ce livre. Celui de ne pas se donner d'objectifs (ex : nombre de pages lues par jour, etc.).

4. **Testez** en pratique les trois exemples que vous avez trouvés dans les jours suivants.

5. **Évaluez** le résultat. Ressentez-vous un début d'amélioration quant à ce trait de votre caractère ? Formalisez vos réflexions.

26. DÉCONNECTEZ-VOUS !

Les freins à la performance sont nombreux. Depuis mes débuts je me suis attaché à les identifier puis à les lever pour maximiser le potentiel de mes clients. L'un de ces freins revient très régulièrement dans nos discussions. Vous vous rendrez peut-être compte en lisant ces lignes qu'il vous concerne également. De mon expérience, il est également souvent le point de départ d'autres problèmes impactant négativement votre performance mentale. Je veux parler de la connexion des athlètes et des individus en général aux réseaux sociaux et globalement au temps excessif qu'ils passent sur les écrans.

Au début de mon travail avec mes clients, je leur demande ce qu'ils aiment faire durant leur temps libre. Ils ont souvent assez peu d'exemples à me donner, préférant se référer au manque de temps disponible entre entraînements, compétitions et déplacements. Je découvre par la suite et au gré de nos conversations qu'ils passent en fait pas mal de leur temps libre sur les réseaux sociaux et leurs écrans en général. Beaucoup d'entre eux ont même bâti une sorte de routine autour des différents écrans qu'ils consultent tels que console de jeu, télévision, tablette, smartphone, etc. Ils les utilisent en effet sur des temps réguliers et bien définis sans même en être toujours conscients, dans le bus après le match, avant et après les entraînements, à l'aéroport, entre amis, etc. Si la connexion aux réseaux sociaux peut apporter de mon point de vue des bienfaits dans certaines situations particulières – j'y reviendrai plus tard – elle est en général extrêmement destructrice pour la performance et le bien-être des athlètes et autres individus quand elle n'est pas dosée et placée sous contrôle. Issu de mes travaux, le schéma ci-dessous vous en présentera les quatre raisons principales.

Influence négative d'une utilisation excessive des écrans sur votre bien-être et votre performance

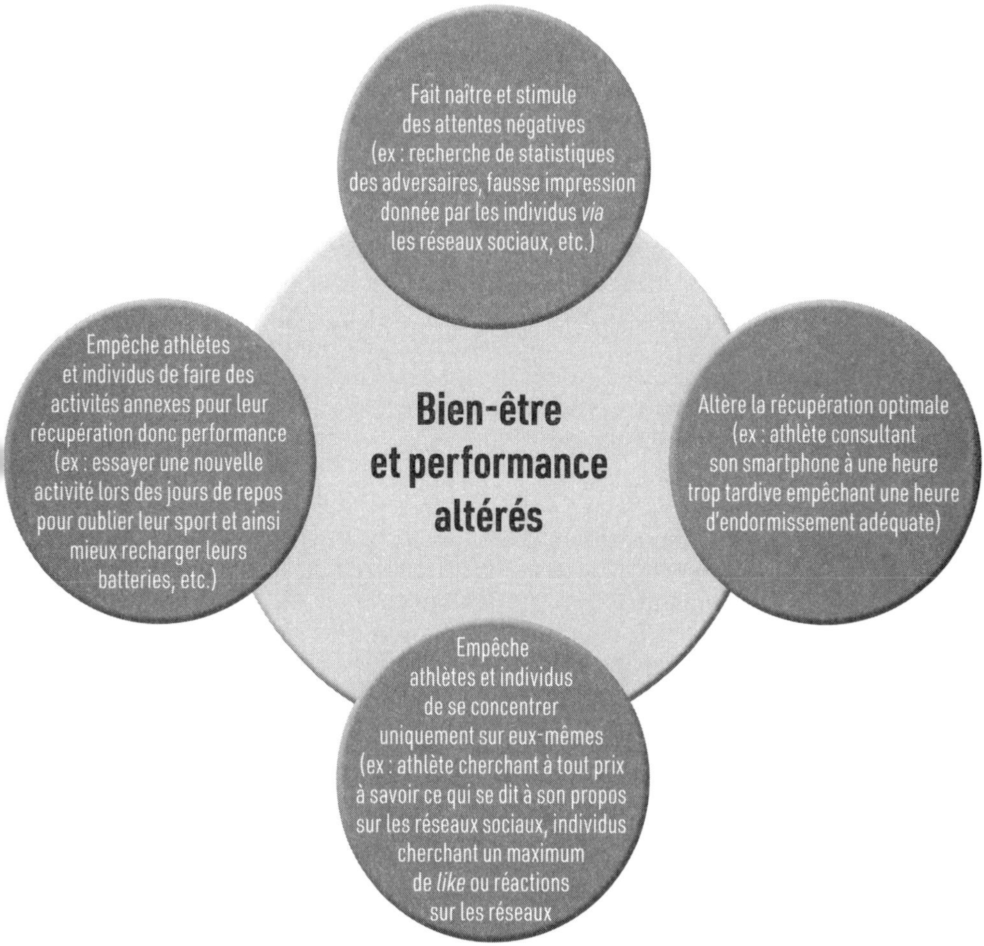

Il ne se passe pas une semaine sans que j'attire l'attention de mes clients sur cette véritable menace pour leur performance. Pour la plupart, ils sont déjà impactés négativement par ces comportements avant même de me contacter. Certains en sont conscients. Beaucoup d'autres sont dans le déni et préfèrent ignorer le temps qu'ils passent sur leurs écrans et encore plus les répercussions négatives sur leur bien-être et leur performance.

Afin de les aider, je leur demande de se détacher par petits pas de cette **dépendance inutile** aux écrans en les aidant à prendre pleinement conscience de l'impact négatif de celle-ci. Encore une fois et pour que vous compreniez bien mon raisonnement, je ne suis pas radicalement opposé à la consultation des réseaux sociaux ou des écrans en général comme peuvent l'être certains psychologues du sport ou autres professionnels du monde médical. De mon expérience, si ce comportement est inscrit dans une discipline personnelle de l'individu quant au temps réellement passé, aux moments de consultation ainsi que leur contenu, il peut soutenir et même encourager la performance dans certaines situations spécifiques. Dans ce cadre, je me souviens avoir conseillé un jeune athlète – souffrant d'un manque général de confiance en lui – de se montrer un peu plus sur les réseaux sociaux afin qu'il prenne pleinement conscience de deux choses : l'intérêt qu'il suscitait de la part des fans quant à sa performance, puis la découverte sur lui-même grâce au contenu particulièrement créatif qu'il partageait avec talent sur les réseaux. Ces deux aspects – encore une fois encadrés par une forte discipline personnelle – ont engendré un surcroît de confiance chez lui, se traduisant par une croissance de son bien-être et de sa performance. Il est ainsi passé du statut amateur au statut professionnel dans son sport en l'espace de quelques mois.

Comme indiqué précédemment, l'excès de temps d'écran des athlètes et autres individus doit s'affronter par petites touches. Je me souviens avoir travaillé sur ce sujet avec un joueur de football avec qui nous avons mis en place une véritable routine du temps d'écran, assortie d'un temps limité et d'un contenu choisi. Nous avions listé en amont les consultations pas ou peu aidantes pour sa performance telles que le suivi trop assidu des carrières des autres joueurs avec lesquels il se sentait en compétition, etc. Nous avons également mené un travail profond de recadrage de son besoin incontrôlé de ne pouvoir rater une information sur les réseaux sociaux. Puis nous avons évalué ensemble les bienfaits de ses nouveaux comportements avant de réajuster notre programme en fonction des progrès enregistrés. Comprenez-moi bien, ici l'objectif n'est pas de contrôler ou d'infantiliser l'athlète ou autre individu. Ils restent et resteront maîtres de leurs décisions. Le but est de les aider à devenir encore plus responsables d'eux-mêmes en prenant pleinement conscience que certaines de leurs actions sont néfastes à leur développement, afin qu'ils deviennent assez courageux et proactifs pour les changer.

Pour vous aider à emprunter le même chemin, je vous propose la fiche pratique suivante.

Fiche pratique 26

Déconnectez-vous !

Pour les raisons indiquées précédemment, un trop-plein de connexions aux écrans est et sera néfaste à votre performance. Je vous propose le questionnaire simple suivant qui vous permettra de mieux contrôler ces comportements.

J'ai établi pour vous un jeu de **six questions** assorties d'exemples concrets tirés de mon expérience. Cette fiche vous interrogera d'abord sur vos propres pratiques avant de vous challenger pour provoquer un changement de comportement. Soyez le plus honnête possible. L'efficacité de cet exercice en dépend.

1. Combien de temps passez-vous par jour sur vos différents écrans ?	**2.** À quels moments se passent généralement ces consultations ?	**3.** Quel est le contenu que vous consultez le plus souvent ?
• Sur une période de deux semaines et chaque soir avant de vous endormir, notez sur un bloc-notes le temps que vous avez passé au cours de la journée sur vos différents écrans (Smartphone, TV, ordinateur, tablette, montre, etc.). Soyez précis et honnête avec vous-même. Concernant certains de ces écrans, vous pouvez consulter le temps passé *via* leurs menus. N'oubliez pas d'inclure tous les écrans.	• Au cours des jours de repos ? • Est-ce aléatoire ? • Avant de dormir ? • Quand l'entraînement est terminé ?	• Les informations relatives à votre sport ? À vos centres d'intérêt ? • Si vous consultez régulièrement d'autres sources, quelles sont-elles ?

4. Pourquoi passez-vous du temps sur ces écrans ? (soyez le plus honnête possible !)	**5.** Imaginez une minute que ces consultations réduisent votre performance. Selon vous, dans quelles mesures cela pourrait se passer ?	**4.** Êtes-vous prêt à changer vos comportements quant au temps d'écran ?
• Parce que vous pensez que cela vous aide à récupérer ? • Parce que vous ne savez pas quoi faire d'autre ?	• Il est possible que je dorme moins bien et donc que je me sente un peu plus fatigué le matin • Je vois l'enthousiasme des fans pour les prochains matchs ce qui peut m'ajouter de la pression • Peut-être que faire quelque chose d'autre comme sortir dehors pour faire une marche courte ou essayer quelque chose que je n'ai pas essayé encore (ex : cuisiner, etc.) m'aiderait plus que de rester devant mes écrans	• Commencez par diminuer de 10 % par jour le temps de consultation sur votre smartphone. Par exemple, si vous y passez 3 heures par jour, réduisez ce temps par 15-20 minutes. Dans le même temps, n'augmentez pas votre temps d'écran sur d'autres supports (console de jeux, etc.) • Désabonnez-vous des alertes ou notifications auxquelles vous avez souscrites

Passons maintenant au dernier outil de cet ouvrage : l'évaluation.

27. ÉVALUEZ VOS PROGRÈS : VOTRE BILAN « COÛT-AVANTAGE »

Certains d'entre vous se souviendront peut-être de leurs cours d'économie au lycée ou à l'université et en particulier du « bilan coûts-avantages ». Il se définit comme « un outil d'aide à la prise de décision dont l'objectif est de vous aider à choisir les actions qui valent la peine d'être entreprises. Il vous permet d'aborder votre problème sous un angle quantitatif, pour que vous puissiez prendre des décisions fondées sur des données concrètes plutôt que sur des opinions ou des préjugés. »[30] Nous avons tous et toutes des attitudes et comportements récurrents dans la vie. Trop rarement nous nous demandons si ces comportements nous aident ou nous desservent. Nous continuons le plus souvent notre route sans les évaluer.

Je me souviens avoir eu une discussion avec un entraîneur d'un grand sport collectif. Il était connu pour être très autoritaire avec parfois une tendance à surjouer ce trait de caractère, ce qui le rendait théâtral aux yeux des autres. En parallèle d'un travail spécifique avec ses joueurs, il avait également accepté l'idée que je l'aide sur le plan de sa performance mentale. Au début de notre travail, je lui demandai quels étaient de son point de vue les bénéfices d'une telle attitude ainsi que ses inconvénients, ceux-ci étant souvent difficiles à déceler mais il avait accepté mon aide ce qui démontrait une envie courageuse de dépasser ses propres limites. Cette attitude n'est pas très commune chez les entraîneurs qui, pour ceux acceptant l'exercice du coaching mental, le réalisent souvent avec quelqu'un qu'ils connaissent et qui souvent ne les challengera pas suffisamment. L'intervention d'une tierce personne strictement indépendante est une décision fondamentale ici car l'efficacité de la démarche de coaching dépend de l'objectivité du coach de performance mentale et de sa capacité à dire – ou à questionner – tout haut ce que beaucoup pensent tout bas. Leurs intérêts partisans (ex : rester au plus près de l'entraîneur pour faire carrière) ne permettront

30. MacNeil Caeleigh, « Démystifier l'analyse coût-avantage : cinq étapes pour prendre de meilleures décisions », 2024.

pas à leurs clients d'optimiser leur performance, ce qui était pourtant l'objectif initial.

Au fur et à mesure de notre travail, cet entraîneur est arrivé à la conclusion que ce style de management et de communication pouvait ne pas être la manière la plus efficace de fonctionner avec beaucoup de ses joueurs. Il comprit qu'il pouvait générer chez certains une crainte et plus particulièrement une peur de commettre une erreur, ce qui allait à l'encontre de l'intérêt de l'équipe. Le coût de cette attitude était alors devenu plus important que ses avantages car cet entraîneur n'adressait les besoins que d'une partie de son équipe.

Accepter d'être aidé sur le plan de sa propre performance mentale par un expert indépendant demande un grand courage. Cela dénote souvent une grande maturité et un grand discernement chez ceux qui acceptent de s'engager dans ce processus. Ces individus ont souvent quelque chose de plus que les autres. Cet entraîneur avait compris que l'idée de cet exercice n'était pas de distribuer les bons ou les mauvais points mais de comprendre que chacun d'entre nous a le pouvoir de faire encore mieux dans chacune de ses attitudes et de ses décisions. Dans notre exemple, l'attitude souvent autoritaire de cet entraîneur l'avait propulsé là où il était, au très haut niveau. Pour atteindre le palier supplémentaire, il lui fallait maintenant apprendre à placer le curseur en agissant différemment dans certaines situations qui le commandent. Le même curseur qu'un entraîneur utilisant exclusivement la bienveillance et l'empathie devra savoir placer en direction d'une communication plus directe quand les circonstances l'imposeront. **L'analyse des coûts est le marchepied vers le succès car bâtissant sur les avantages**. Soyez assez courageux pour faire de même, cette dernière fiche pratique vous y aidera.

Fiche pratique 27

Quel est le « coût-avantage » de vos attitudes ?

1. **Choisissez quelques comportements** réguliers que vous avez dans la pratique de votre sport et dans la vie. Vous mettez-vous souvent en colère quand les choses ne vont pas dans votre sens ? Parvenez-vous à rester calme dans les moments importants ? Manquez-vous d'un certain instinct de finition quand vous êtes proches de la victoire ? Inspirez-vous de vos réflexions préalables relatives à vos angles morts puis détaillez vos réflexions.

2. Une fois que vous avez identifié ces comportements, **analysez leurs conséquences** pour vous-même et pour les autres. Est-ce souhaitable pour vous de continuer à avoir ces attitudes ou vous faudrait-il en changer certaines car leurs coûts dépasseraient leurs avantages ? Inspirez-vous également de votre travail quant à votre socle de valeurs.

3. À quelles conclusions arrivez-vous ? Résumez les **engagements** que vous allez prendre pour changer les comportements qui vous desservent.

Vous trouverez un exemple supplémentaire ci-dessous.

« Je passe beaucoup de temps sur mon smartphone »

+

- J'ai l'impression que cela me détend
- Je trouve parfois des infos amusantes et cela me fait rire
- Cela me change les idées
- J'ai l'impression de me reposer car quand je consulte mon smartphone, je suis généralement sur mon canapé ou dans mon lit

–

- Je passe beaucoup de temps sur mon écran, ce qui me donne parfois des maux de tête
- Je trouve parfois des informations qui sont fausses, ce qui m'a causé certains problèmes dans le passé
- Je ne bouge pas assez
- Je cherche souvent des infos sur mes adversaires (statistiques, etc.), ce qui m'inquiète souvent
- Je pourrais passer plus de temps avec mes ami(e)s et ma famille si je consultais moins souvent mon smartphone
- Je ressens plus la pression des matchs en lisant ce qu'en disent les journalistes et fans

CONCLUSION

J'espère de tout cœur que cet ouvrage vous aura inspiré et qu'il vous aura d'ores et déjà mis sur le bon chemin pour améliorer votre bien-être et donc votre performance dans votre sport et dans votre vie en général. C'était son objectif.

J'ai tout d'abord souhaité vous aider à comprendre le cadre général dans lequel votre performance s'inscrit, en partageant avec vous les grands principes de ma philosophie de coaching ainsi que les caractéristiques communes des meilleurs athlètes et des meilleurs entraîneurs du monde avec lesquels j'ai la chance de collaborer. Puis j'ai voulu partager avec vous des outils et des fiches pratiques que vous pourrez utiliser à votre guise au gré de votre développement.

Pour ce faire, gardez en tête quatre choses dont dépendra fortement la maximisation de votre performance :

1. **Faites de ces outils les vôtres**. Vous pouvez les utiliser en tant que tels mais autorisez-vous également à les faire évoluer quelque peu en fonction de vos besoins propres et des résultats obtenus. Ne les utilisez pas comme des devoirs qu'il vous faut rendre mais bien comme la petite étincelle qui embrasera votre potentiel en vous permettant de prendre la responsabilité de celui-ci. N'oubliez pas que vous êtes le professionnel de vous-même. Vous vous connaissez mieux que personne. En fonction des besoins que vous avez identifiés et de ceux que vous allez découvrir, vous obtiendrez progressivement les clés pour ouvrir des portes qui restaient fermées jusqu'alors. Soyez assez courageux pour chercher les solutions en vous-mêmes, car ce sont elles qui feront toute la différence.

2. **Pensez simple**. J'ai voulu le ton, le style et le contenu de cet ouvrage volontairement simple et concret. Car je ne sais que trop que la performance de haut niveau dans le sport et dans la vie est faite de simplicité. Complexifier la préparation mentale n'autorisera jamais la progression. Elle répondra à d'autres intérêts subjectifs qui ne sont et ne seront jamais les miens. Soyez donc assez courageux et intelligent pour penser simple.

3. **Prenez votre temps**. Ne vous découragez pas en cherchant un résultat soudain et rapide. J'ai voulu connecter ces outils à ces fiches pratiques parce qu'ils se compléteront pour avoir plus d'impact auprès de vous. Si vous rencontrez des difficultés à formaliser vos réflexions ou à progresser avec certaines de ces fiches, cela signifie seulement que vous êtes au début de votre chemin. Rassurez-vous, le simple

fait de vous y essayer vous aidera d'ores et déjà, sans que vous vous en rendiez compte. Vous constaterez alors que vous serez en mesure d'accomplir d'autres fiches – basées sur la même logique – qui vous permettront de revenir à celles qui vous ont posé problèmes. Ne vous découragez donc pas. Donnez-vous du temps. Le changement durable est en marche.

4. Comme indiqué précédemment dans cet ouvrage, « ce n'est pas ce que l'on dit qui crée une différence mais comment on le dit ». J'ai appris de mon expérience que la progression sur le plan de la performance mentale dépendait des réponses individuelles que nous avons en nous. Beaucoup de professionnels du champ de la psychologie parlent des mêmes choses. Mais ce qui crée une vraie différence durable n'est pas ce qu'ils disent **mais la manière dont ils le disent**. Uniquement copier les outils présentés dans cet ouvrage n'apportera donc que déception en freinant son propre développement. Pour vous aider sur votre chemin, entourez-vous de facilitateurs désintéressés, très expérimentés, neutres car extérieurs à tous systèmes ou toutes institutions partisanes. Et ajoutez-y votre courage. Vous arriverez ainsi là où vous souhaitez être, en trouvant le chemin vous y conduisant plus plaisant car serein.

Sur le plan personnel, je dois dire que la rédaction de cet ouvrage m'a moi aussi énormément aidé. J'ai appris trois choses que je souhaite partager avec vous car elles pourraient elles aussi vous inspirer dans votre propre développement.

Tout d'abord, il concerne la **nécessité de se remettre en question**. Comme je le confiais au début de cet ouvrage, je ne souhaitais pas écrire ce livre il y a encore quelques mois. Très influencé par le besoin de créer mes propres outils et doutant de l'impact de les partager sous la forme d'un livre, j'ai compris progressivement qu'il y avait d'autres raisons attachées à ce refus. Si j'avais réussi à briser ce plafond de verre en rédigeant puis publiant mon précédent ouvrage qui me racontait en tant qu'Homme, je n'y étais pas forcément préparé en tant que professionnel du coaching mental. Je me devais d'emprunter le pont qui me mènerait à l'autre rive. Je me suis lancé avec courage. J'y suis parvenu. Et j'en ressens d'ores et déjà les bénéfices.

Ensuite, la rédaction de cet ouvrage est venu renforcer mon amour et mon envie inconditionnelle **d'aider les autres**. Cette envie s'est décuplée en moi au fur et à mesure de l'écriture de chaque page. J'en ai toujours été porteur. C'est ce qui a guidé ma vie. Mais cette envie continue à vivre et à grandir en moi. À chaque chapitre de ce livre, je l'ai compris un peu plus. Comment ? En me surprenant à chercher encore et encore toutes les clés en moi et en mon travail pour vous transmettre mon expérience.

Enfin, j'ai pleinement réalisé que **se découvrir un peu plus était un chemin de bonheur unique.** Comme j'ai commencé à le ressentir lors de la rédaction de mon premier ouvrage, l'écriture a été pour moi une révolution. Par ce second livre, je me suis encore une fois projeté dans l'inconnu, en utilisant l'écriture pour partager ma méthode et mes outils en tant que coach de performance mentale, en sortant de ma zone de confort faite d'accompagnement direct d'athlètes et d'autres individus.

J'ai compris que nous n'avons pour limites que celles que l'on s'impose. J'ai encore une fois beaucoup appris en chemin. Et suis déterminé à transmettre. Encore et encore.

RÉFÉRENCES

Asana. (s.d.). « *L'analyse coût-avantage* ».

BC. (s.d.). *« Guide pratique des biais cognitifs ».*

Berkley. (s.d.). « *Science of Happiness* ».

Encyclopédie.fr. (s.d.). « *Point fort, définition* ».

FRC. (s.d.). « *La plasticité cérébrale* ».

Gallwey, T. (1997). *« The inner game of tennis ».*

Hintsa, A. (2015). « *The core, better life, better performance* ». WSOY

Internaute.fr. (s.d.). « *Définition process* »

IP. (s.d.). « *Les thérapies comportementales et cognitives* ».

Jepense.org. (2021). « *Instinct, définition* ».

Juignet, P. (2022). « *Philosophie, Science et Société* ».

Kishimi, I. (2013). *« The courage to be disliked ».* Dimond Imc.

Manager. (s.d.). « *Comment fixer des objectifs SMART* ».

Mérelle, F. (2023). *« Le français qui murmure à l'oreille des stars ».* Édition Baudelaire.

pense.org. (2021). « *L'instinct, définition philosophique* ».

Podcast. (s.d.). « *Fréd Merelle, mental performance coach* ».

PP. (s.d.). « *The life of Ken Ravizza* ».

Psychologues. (s.d.). « *Visualisation créatrice* ».

Robert. (s.d.). « *Le Robert, dico en ligne* ».

RP. (s.d.). « *L'importance psychologique de bien gérer ces attentes* ».

Wikipédia. (s.d.). « *Bien-être* ».

Wikipédia. (s.d.). « *Flow* ».

Wikipédia. (s.d.). « *La pleine conscience* ».

Wikipédia. (s.d.). « *Le cercle vertueux* ».

Wikipédia. (s.d.). *« Le lieu de maîtrise ».*

Wikipédia. (s.d.). « *Zone de confort* ».

Solar
Directeur : Didier Férat
Direction éditoriale : Jean-Philippe Bouchard
Édition : Corentin Bréhard
Maquette : Graph'M
Fabrication : Emmanuelle Laine

ISBN : 978-2-263-18815 2
Code éditeur : L18815
Dépôt légal : octobre 2024
Imprimé en France par NRIs.a.s. (2403314)

Retrouvez-nous sur **http://www.lisez.com/**
Solar, un département d'Édi8